Faites de l'IA votre allié au quotidien !

Ne soyez pas un simple spectateur résigné,
façonnez votre super Assistant Digital depuis chez vous.

Henri PIDAULT

PRINT HORIZON
PUBLISHER

Exclusions de responsabilité

ISBN : 979-8878-864-039

Imprimé à la demande par Amazon

Sommaire

Préface

Au seuil d'une ère où l'intelligence artificielle (IA) réinvente notre quotidien, "Faites de l'IA, votre allié au quotidien" se pose comme une boussole dans un océan de changements technologiques. Cet ouvrage, fruit de la vaste expertise d'Henri Pidault, invite à une réflexion profonde sur la place de l'IA générative dans notre vie.

Naviguant habilement entre l'histoire, les développements actuels et les perspectives de l'IA, ce livre dévoile comment cette technologie, autrefois reléguée aux œuvres de science-fiction, devient un outil du quotidien, enrichit nos vies de manière insoupçonnée. Il explore non seulement les avancées techniques, mais aussi les implications éthiques, économiques et sociales de l'IA, offrant une vision équilibrée et nuancée.

L'auteur, avec sa riche expérience dans divers secteurs, apporte une perspective unique, mêlant expertise technique et compréhension des implications sociétales de l'IA. Sa vision clairvoyante nous guide à travers les complexités de cette technologie, la rendant accessible et pertinente pour un large public, des professionnels aux curieux de la technologie.

Ce livre, plus qu'une simple exploration de l'IA, est une invitation à devenir des acteurs de cette révolution numérique. Il nous encourage à découvrir l'IA comme un partenaire, un outil pour étendre nos capacités, tout en restant vigilants aux défis qu'elle pose.

Le livre se distingue par son habileté à connecter des exemples concrets de la vie quotidienne avec des avancées technologiques sophistiquées, illustrant comment l'IA peut améliorer la créativité, la productivité et même notre bien-être. Il ouvre des portes vers un futur où l'IA n'est plus une entité lointaine et incompréhensible, mais un allié tangible et collaboratif dans notre quête personnelle et professionnelle.

Henri Pidault ne mâche pas ses mots lorsqu'il s'agit de démystifier l'IA générative. Avec une franchise rafraîchissante, il défie les idées reçues et pousse le lecteur à remettre en question sa compréhension de l'IA. Il n'hésite pas à pointer du doigt les écueils potentiels d'une adoption passive de l'IA, soulignant l'importance de devenir un utilisateur averti et proactif. Son approche directe vise à éveiller une prise de conscience critique, encourageant chaque individu à ne pas se contenter d'être un simple spectateur, mais à devenir un véritable artisan de son expérience numérique.

L'auteur se manifeste clairement lorsqu'il aborde des thèmes controversés tels que les implications éthiques et sociétales de l'IA. Il n'hésite pas à provoquer et à stimuler la réflexion en présentant des scénarios qui défient les normes établies. Cette posture provocatrice a pour but de secouer le confort intellectuel et d'inciter à une réflexion plus profonde sur le rôle et l'impact de l'IA dans nos vies. En adoptant cette attitude, il réussit à créer un dialogue dynamique avec ses lecteurs, les invitant à participer activement à la révolution numérique plutôt qu'à en être de simples spectateurs.

Cet ouvrage est une fenêtre ouverte sur un monde où l'homme et la machine avancent côte à côte, enrichissant mutuellement leurs expériences et connaissances. C'est une œuvre qui ne se contente pas d'informer, elle inspire et équipe ses lecteurs pour un futur dans lequel l'IA générative est non seulement accessible, mais essentielle à la réalisation de notre plein potentiel.

L'auteur, dans son rôle de guide expert, nous montre comment personnaliser l'IA pour qu'elle réponde à nos besoins uniques, tout en abordant les questions éthiques et de sécurité qui accompagnent son utilisation. Il insiste sur l'importance d'une approche équilibrée, où l'humain et la machine apprennent l'un de l'autre, dans un effort commun pour atteindre des objectifs plus grands.

Le lecteur est ainsi encouragé à envisager l'IA non comme une menace, mais comme un catalyseur de changement positif, capable d'améliorer notre vie quotidienne et d'élargir nos horizons. Ce livre est donc un compagnon essentiel pour ceux qui cherchent à naviguer dans le monde de l'IA avec confiance et compréhension, prêts à saisir les opportunités qu'elle offre pour un avenir meilleur et plus harmonieux.

Nicolas Vayatis
Chercheur en machine learning / professeur au département de mathématiques de l'Ecole normale supérieure Paris-Saclay / directeur du Centre Borelli / ELLIS fellow.

Introduction

Dans ce monde en constante évolution, où la technologie redéfinit sans cesse les frontières du possible, l'intelligence artificielle générative (IA Gen) se présente non seulement comme un outil révolutionnaire, mais aussi comme une véritable muse de l'ère numérique. Elle incarne une vague de progrès, ouvrant des portes vers des univers jusqu'alors inexplorés. L'ère numérique, souvent perçue comme un océan tumultueux et impénétrable, se transforme sous l'effet de l'IA générative en un vaste océan de possibilités, accessible et utilisable par tous.

L'IA, avec ses algorithmes avancés, capable de créer, d'apprendre et de s'adapter, se positionne à l'avant-garde de l'innovation. Cette technologie, jadis cantonnée aux récits de science-fiction, s'invite désormais dans notre quotidien, transformant chaque appareil connecté en un portail vers un monde de créativité sans précédent. Elle nous offre la clé pour simplifier des tâches difficiles et élargir les horizons de notre imagination, en générant de nouvelles idées, concepts et solutions.

Cependant, chaque révolution présente ses propres défis. L'IA générative n'échappe pas à cette règle, soulevant des questions cruciales en matière d'éthique, de sécurité et de socioéconomie. Parallèlement, elle ouvre également de nouvelles perspectives : l'accès élargi à l'information, la personnalisation des services, l'amélioration de la productivité et du bien-être. L'IA nous invite à repenser notre relation avec le travail, l'apprentissage et la créativité.

Ce livre a pour ambition de démystifier l'IA générative, d'explorer ses nombreuses possibilités tout en mettant en lumière ses limites, mais aussi de vous guider dans la compréhension et l'utilisation pratique de cette technologie au quotidien. Nous entreprendrons un voyage à travers lequel l'IA sera dévoilée non seulement comme un outil, mais aussi comme un compagnon de vie, un moteur d'innovation et un reflet de notre humanité.

En explorant l'univers de l'IA, nous découvrons comment elle façonne déjà notre réalité. Des assistants virtuels qui apprennent de nos habitudes pour répondre plus efficacement à nos besoins, aux plateformes de création de contenu qui ouvrent de nouvelles voies à l'expression artistique, y compris les systèmes de recommandation qui transforment notre expérience numérique, l'IA générative est partout. Elle dépasse le statut d'outil réservé aux technophiles pour devenir une présence quotidienne, discrète mais influente, dans la vie de chacun.

Ce livre est une invitation à dépasser le statut de spectateur de cette révolution numérique. Il vous encourage à devenir un participant actif, capable de comprendre, d'utiliser et de façonner ces outils pour améliorer votre vie personnelle et professionnelle. Que vous soyez un entrepreneur cherchant des solutions pour optimiser votre activité, un artiste en quête d'inspiration ou simplement un individu curieux des possibilités offertes par cette nouvelle ère, ce guide est fait pour vous.

Nous examinerons les principes fondamentaux de l'IA générative en dévoilant les mécanismes qui lui permettent d'apprendre et de créer. Nous explorerons les différentes façons dont elle peut être personnalisée pour répondre à des besoins spécifiques, ainsi que les questions éthiques et les précautions à prendre pour garantir une utilisation responsable et en toute sécurité.

Ensemble, nous franchirons le pas vers une compréhension approfondie de l'IA, en dévoilant ses mystères et en montrant comment elle peut devenir votre alliée la plus fidèle au quotidien. Un voyage fascinant nous attend, à la découverte d'un futur où l'humain et l'IA générative avancent main dans la main vers un horizon de possibilités illimitées.

Partie I : L'émergence de l'IA générative

Chapitre 1. Histoire et origines

Des premières machines à nos assistants intelligents : une brève histoire

L'histoire de l'intelligence artificielle (IA) est une odyssée fascinante, marquée par des avancées scientifiques et technologiques extraordinaires. Tout a commencé dans les années 1950, avec les premiers pas de l'informatique, où l'on imaginait déjà des machines capables de simuler l'intelligence. Ces premiers efforts étaient rudimentaires, se limitant à des tâches simples de calcul ou de logique.

Dès 1950, Alan Turing, un pionnier de l'informatique, posait la question fondamentale : « Une machine peut-elle penser ? » avec son célèbre test de Turing. Cette interrogation a ouvert la voie à de nombreuses recherches. En 1956, lors de la conférence de Dartmouth, le terme « intelligence artificielle » a été officiellement utilisé pour la première fois, marquant ainsi la naissance d'un nouveau domaine scientifique.

Les premiers pas de l'intelligence artificielle, bien que modestes, ont posé les fondations de ce qui allait devenir un champ d'innovation extraordinaire. Prenons l'exemple d'ELIZA, créé par Joseph Weizenbaum en 1966. Ce programme était capable de simuler une conversation en utilisant des scripts rudimentaires, un exploit impressionnant à l'époque. Bien que ses interactions soient basiques et suivent des schémas préétablis, ELIZA a marqué un tournant, illustrant le potentiel immense de l'IA en matière de communication.

L'IA a connu une immense avancée en matière de communication. Dans les années 1970, les systèmes experts ont été introduits, représentant une évolution majeure par rapport à leurs prédécesseurs comme ELIZA. Ces systèmes étaient conçus pour émuler la prise de décision d'un expert humain dans des domaines spécifiques, en s'appuyant sur une vaste base de connaissances et des ensembles de règles définis. Cependant, il a fallu plus de 40 ans et de nouvelles innovations pour que la traduction des langues devienne une réalité.

Un exemple notable de cette époque est MYCIN, développé dans les années 1970. Il était conçu pour aider les médecins dans le diagnostic des maladies bactériennes et dans la prescription d'antibiotiques. MYCIN a démontré comment l'IA pouvait appliquer des règles complexes à des bases de données médicales pour fournir des conseils précis.

Un autre exemple est Prospector, utilisé en géologie pour l'exploration des minerais. Ce système expert analysait les données géologiques pour évaluer la probabilité de trouver certains types de minerai. Prospector a été un pionnier dans l'utilisation de l'IA pour des applications pratiques dans les sciences de la Terre.

Ces systèmes, bien que limités par les technologies de leur époque, ont ouvert la voie à des développements ultérieurs dans le domaine de l'IA. Ils ont démontré que les machines pouvaient non seulement stocker et traiter d'énormes quantités d'informations, mais aussi appliquer des raisonnements complexes pour résoudre des problèmes spécifiques. Ces premières avancées ont été déterminantes pour inspirer les générations futures de chercheurs et de développeurs, menant à l'ère de l'IA générative que nous connaissons aujourd'hui.

Dans les années 1980, l'émergence des réseaux de neurones a marqué une avancée significative dans le domaine de l'IA. Inspirés du fonctionnement du cerveau humain, ces systèmes ont révolutionné la manière de concevoir des solutions informatiques avancées. Cependant, leur potentiel était limité par la puissance de calcul limitée de l'époque.

Des projets comme le Perceptron, développé par Frank Rosenblatt dans les années 1950, ont jeté les bases des réseaux de neurones. Il s'agissait d'un seul neurone formel muni d'une règle d'apprentissage pour séparer deux classes, c'est en quelque sorte le premier neurone numérique de l'histoire. Mais c'est dans les années 1980 que ces concepts ont commencé à être exploités de manière plus approfondie, grâce au développement de l'algorithme de rétropropagation qui a permis un entraînement plus efficace des réseaux de neurones.

Malgré ces avancées, les capacités de traitement de données étaient encore rudimentaires, limitant l'utilisation pratique des réseaux de neurones. Les ordinateurs de l'époque ne pouvaient pas supporter l'énorme quantité de calculs nécessaires pour des réseaux de neurones plus larges et plus profonds.

Dans les années 1990, Deep Blue, un superordinateur révolutionnaire conçu par IBM, est entré dans l'histoire en affrontant Garry Kasparov, le champion du monde d'échecs. Sa conception était unique, intégrant des circuits dédiés spécifiquement au jeu d'échecs, lui conférant une puissance de calcul exceptionnelle. En 1996, lors de leur première confrontation, Deep Blue a été défait par Kasparov sur un score de 2-4. Cependant, en 1997, lors d'un match revanche historique, Deep Blue, surnommé à cette époque Deeper Blue, a réussi à vaincre Kasparov sur un score de 3,5-2,5.

Cette victoire, bien que réalisée hors des conditions standards des championnats du monde d'échecs, a marqué un tournant décisif, démontrant la capacité de l'IA à rivaliser et même surpasser les compétences humaines dans un domaine aussi complexe et stratégique que les échecs. Ce moment symbolique a non seulement illustré les progrès spectaculaires de l'intelligence artificielle, mais a également ouvert la voie à de nombreuses autres applications de l'IA dans divers domaines.

Dans les années 2000, le paysage technologique a connu une transformation radicale. L'explosion de la puissance informatique, combinée à la disponibilité croissante de grandes quantités de données, a ouvert un nouveau chapitre dans l'histoire de l'IA.

L'avènement de processeurs plus puissants tels que les GPU (unités de traitement graphique) spécialisés a permis de traiter des volumes de données sans précédent, rendant les réseaux de neurones plus efficaces et diversifiés. L'ère du Big Data a débuté, avec une accumulation massive de données provenant de l'internet, des réseaux sociaux, des capteurs et des appareils connectés. Cette profusion de données a permis de nourrir et d'affiner les modèles d'IA.

Les progrès dans le domaine de l'apprentissage profond (Deep Learning) ont permis aux réseaux de neurones de réaliser des tâches auparavant inimaginables, comme la reconnaissance d'images, la traduction automatique et la génération de texte. Ces évolutions ont transformé l'IA d'un champ expérimental en une force motrice de l'innovation, en modifiant radicalement notre interaction avec la technologie et en posant les fondations de l'ère de l'IA générative que nous connaissons aujourd'hui.

Au fil des décennies, l'IA a connu des périodes d'euphorie, appelées « étés de l'IA », où des progrès significatifs ont été accomplis, suivies par des « hivers de l'IA », des périodes de stagnation dues aux limites technologiques et à un manque de compréhension. Par exemple, dans les années 1960 et 1970, les avancées dans les systèmes experts et le traitement du langage naturel ont suscité un grand enthousiasme. Cependant, l'incapacité à réaliser les promesses ambitieuses a conduit à une réduction du financement et de l'intérêt dans les années 1980.

Cependant, l'émergence de l'apprentissage profond et des réseaux de neurones massifs dans les années 2010 a marqué un tournant décisif. En 2012, le projet AlexNet, un réseau de neurones profonds, a remporté le défi ImageNet (base de données de plus de 10 millions d'images annotées), une compétition prestigieuse dans le domaine de la vision par ordinateur, surpassant de loin les autres techniques. Cet événement a marqué le début de l'ère moderne de l'IA, où l'apprentissage profond est devenu la méthode dominante.

En 2016, avec l'arrivée des Tensor Processing Unit (TPU, unité de traitement de tenseur), Google ouvre une nouvelle ère de l'intelligence artificielle avec des puces spécialement fabriquées pour des traitements massifs par réseaux de neurones. Ces puces sont désormais une composante essentielle de nos smartphones et permettent de réaliser des tâches telles que la reconnaissance vocale ou la traduction automatique pour les assistants personnels.

L'apprentissage profond a également ouvert la voie à des applications plus sophistiquées dans des domaines tels que la santé, avec des systèmes capables d'analyser des images médicales pour aider au diagnostic.

Ces progrès ont non seulement changé la manière dont les machines apprennent et traitent l'information, mais ils ont aussi ouvert la voie à des applications plus créatives et interactives, jetant les bases de l'IA générative que nous connaissons aujourd'hui. Ainsi, l'évolution de l'IA, marquée par des hauts et des bas, a conduit à une transformation profonde de la technologie, influençant presque tous les aspects de notre vie moderne.

Comment l'IA a évolué pour devenir "générative"

Après cette brève introduction à l'intelligence artificielle sous toutes ses formes, nous allons, dans la suite de l'ouvrage, nous concentrer exclusivement à l'IA générative. Ce nouveau type d'intelligence artificielle a émergé dans le grand public au début de l'année 2023 avec l'apparition de ChatGPT. Pour faciliter la compréhension et la clarté tout au long du livre, le terme "IA" sera progressivement utilisé comme synonyme de l'IA générative. Cette approche vise à simplifier la terminologie et à concentrer notre attention sur cette nouvelle forme innovante d'intelligence artificielle.

L'IA générative est le fruit de cette évolution. Contrairement aux premières formes d'IA, qui se basaient principalement sur la logique et le traitement de règles préétablies, l'IA générative utilise des algorithmes avancés pour créer du contenu nouveau et original. Elle s'appuie sur des techniques telles que les réseaux antagonistes génératifs (GANs - generative adversarial networks) et les modèles de traitement du langage naturel.

Un exemple frappant de l'IA générative est sa capacité à créer des images hyper-réalistes de personnes qui n'existent pas. Ces images sont si convaincantes qu'elles sont souvent indiscernables de photos réelles. Dans le domaine artistique, des programmes comme DeepArt utilisent l'IA pour transformer des photos en œuvres d'art, imitant les styles de célèbres peintres, ou encore plus récemment avec Midjourney.

Dans le domaine du traitement du langage, des systèmes, tels que ChatGPT, ont la capacité de générer des textes cohérents et pertinents, couvrant un large éventail de sujets. Ces modèles peuvent composer des poèmes, rédiger des articles, et même programmer en langage informatique, démontrant ainsi une compréhension contextuelle étonnante.

L'IA générative s'étend également à la musique ou même à des voix humaines créées ou reproduites. Avec des outils comme Murf.AI ou AIVA (Artificial Intelligence Virtual Artist), l'IA compose des pièces musicales originales dans divers genres. Ces compositions sont parfois indiscernables de celles créées par des humains, élargissant les frontières de la créativité artistique.

Même dans le domaine de l'innovation et de la conception, l'impact de l'IA générative est considérable et fascinant, prenons un exemple concret illustrant son impact dans la recherche pharmaceutique. C'est l'histoire récente du développement de médicaments par l'entreprise britannique Exscientia. En 2020, Exscientia, en partenariat avec la société pharmaceutique Sumitomo Dainippon Pharma, a annoncé le développement d'un nouveau médicament destiné à traiter le trouble obsessionnel-compulsif (OCD). Il s'agit de l'un des premiers médicaments au monde dont le composé a été entièrement conçu par l'IA. Le processus a impliqué l'utilisation de l'IA pour analyser une multitude de structures moléculaires et leurs interactions potentielles avec des cibles biologiques spécifiques à l'OCD.

Traditionnellement, la découverte de nouveaux médicaments peut prendre jusqu'à cinq ans pour passer de la phase de recherche initiale à la réalisation des premiers essais cliniques. Grâce à l'utilisation de l'IA, Exscientia a réussi à réduire ce processus à seulement 12 mois, marquant ainsi une avancée significative en termes de rapidité et d'efficacité.

Après la conception assistée par IA, le médicament a rapidement progressé vers des essais cliniques, démontrant l'efficacité et la sécurité de cette approche. Les essais cliniques sont essentiels pour tester l'efficacité du médicament et garantir qu'il est sûr pour un usage humain. Ce projet a été le fruit d'une collaboration étroite entre des scientifiques en pharmacologie, des ingénieurs en IA et des experts en données. Cette synergie a permis la combinaison des connaissances spécialisées et des technologies de pointe.

L'IA générative peut concevoir des molécules qui ciblent très précisément certaines pathologies, réduisant ainsi les effets secondaires potentiels et augmentant l'efficacité des traitements. Cette technologie ouvre la voie à des traitements personnalisés, adaptés aux caractéristiques génétiques et biologiques de chaque patient. Les chercheurs en pharmacologie travaillent en étroite collaboration avec les développeurs d'IA pour interpréter les résultats, affiner les modèles et tester les molécules proposées. En fournissant de nouvelles perspectives et hypothèses, l'IA générative enrichit la recherche scientifique, stimulant l'innovation et la découverte.

Ces exemples illustrent comment l'IA générative, en s'éloignant des modèles traditionnels de traitement de données, ouvre de nouvelles perspectives dans la création de contenu, offrant des possibilités presque illimitées pour l'innovation et la créativité.

Cette transition de l'IA « réactive » à « créative » a ouvert un nouveau chapitre dans notre relation avec la technologie. Les machines ne sont plus de simples outils exécutant des commandes, mais des partenaires capables de contribuer activement au processus créatif. De l'assistant personnel qui adapte ses réponses à votre style de communication, au logiciel de design qui propose des concepts visuels uniques, l'IA générative transforme notre manière d'interagir avec la technologie, la rendant plus intuitive, personnelle et dynamique. Cette évolution dans notre manière d'interagir avec la technologie marque le début d'une ère où l'IA n'est plus une entité lointaine et impersonnelle, mais un compagnon numérique qui enrichit chaque aspect de notre quotidien.

Chapitre 2. Comprendre le concept et les enjeux

Ne soyez pas du mauvais côté de l'histoire

L'avènement de l'IA marque un tournant dans l'histoire de la technologie et de la société. Comprendre ce concept n'est pas seulement une question d'intérêt académique ou professionnel ; c'est une nécessité pour naviguer dans le monde moderne. Être du « mauvais côté de l'histoire » dans ce contexte signifie ignorer ou mal comprendre l'impact et les implications de l'IA, ce qui peut conduire à des décisions mal informées, tant sur le plan personnel que professionnel.

L'IA n'est pas seulement une suite d'algorithmes complexes ; c'est un outil puissant qui façonne notre interaction avec l'information, notre création de contenus et même notre perception de la réalité. Sa compréhension dépasse donc la simple curiosité technologique, touchant des aspects éthiques, sociaux et économiques.

Sur le plan social, l'IA générative a le potentiel de transformer les industries créatives, l'éducation, et même nos interactions sociales. En étant conscient de ces changements, nous pouvons nous adapter et tirer parti de ces évolutions plutôt que de nous retrouver dépassés. Par exemple, dans l'éducation, l'IA peut offrir des expériences d'apprentissage personnalisées, mais cela nécessite une compréhension de la manière dont ces systèmes fonctionnent et interagissent avec les apprenants.

De plus, sur le plan économique, l'IA générative redéfinit de nombreux métiers et industries. De la conception de produits à la publicité, en passant par le divertissement et au-delà, la compréhension de cette technologie est essentielle pour rester compétitif et innovant. L'ignorer pourrait conduire à des opportunités manquées et à une obsolescence dans un marché en constante évolution.

Sur le plan éthique, l'usage responsable de l'IA est primordial. Avec sa capacité à créer, des contenus réalistes, de fausses informations ou des « deepfakes » peuvent être générés, soulevant des questions sur la véracité de l'information et la confiance en ligne. Comprendre ces enjeux permet de rester vigilant et critique face aux contenus et, ainsi, de promouvoir une utilisation éthique de cette technologie.

D'un point de vue éthique, il est crucial de maîtriser le contenu des corpus de connaissance utilisés pour l'apprentissage des IA génératives. Un corpus déviant peut permettre la manipulation de masse, la diffusion d'idéologies dangereuses pour l'humanité. Les grandes nations ont déjà pris conscience de ces dangers et des règlements sont en cours de rédaction. Mais il ne faut pas se tromper de combat, ce n'est pas l'outil qu'il faut interdire, c'est la manipulation de corpus de connaissances qu'il faut strictement maîtriser.

Certains analystes prévoient que l'IA pourrait remplacer jusqu'à 60 % des emplois d'ici 2030 et que le secteur des "Services" serait le premier impacté avec d'énormes gains de productivité à la clé. L'arrivée de l'IA générative va profondément transformer le monde des services, comme l'arrivée des robots a transformé l'activité industrielle il y a plus de 50 ans. C'est une bonne nouvelle pour les métiers manuels, l'artisanat devrait être de plus en plus plébiscité et valorisé.

En somme, ne pas comprendre ou ignorer l'IA, c'est prendre le risque de se retrouver dépassé dans un monde en évolution permanente. C'est pourquoi il est essentiel d'explorer et de s'intéresser à cette technologie, non seulement pour rester pertinent, mais aussi pour contribuer positivement à l'avenir de notre société, et surtout, pour faciliter notre quotidien.

Les compétences essentielles à l'ère numérique : adaptabilité, résilience et curiosité

Dans un monde en constante évolution marqué par le progrès rapide de l'IA générative, trois compétences se démarquent comme étant cruciales : l'adaptabilité, la résilience et la curiosité. Ces qualités ne sont pas seulement des atouts ; elles sont le socle sur lequel repose la capacité à prospérer dans ce nouveau monde qui est en train de se dessiner.

L'adaptabilité

L'adaptabilité est la disposition à modifier ses habitudes pour s'adapter à de nouvelles conditions. Dans le contexte de l'IA générative, cela signifie être capable d'apprendre de nouvelles compétences, d'adopter de nouveaux outils et de s'ajuster à de nouvelles manières de travailler. Par exemple, dans le domaine professionnel, les employés doivent être prêts à collaborer avec des technologies intelligentes, en comprenant comment elles peuvent augmenter et compléter leurs compétences. De même, les entreprises doivent être agiles, capables de s'adapter aux changements rapides du marché et d'intégrer de nouvelles technologies pour rester compétitives.

L'adaptabilité dans le contexte d'IA générative implique une volonté d'apprendre de manière continue. Il ne s'agit pas seulement d'acquérir des compétences techniques, mais aussi de développer une compréhension globale de la façon dont l'IA peut transformer nos activités. Imaginez un artisan qui, après des années de pratique traditionnelle, découvre et intègre des outils numériques pour créer des œuvres plus complexes et innovantes.

Dans le milieu professionnel, l'adaptabilité se traduit par la capacité à collaborer efficacement avec l'IA. Il ne s'agit pas simplement d'utiliser un nouvel outil, mais de comprendre et d'exploiter le potentiel de cette collaboration. Cela pourrait être un marketeur utilisant l'IA pour analyser des tendances de marché en temps réel, ou un médecin s'appuyant sur des diagnostics assistés par IA pour offrir des soins plus précis et appropriés.

Les entreprises, pour leur part, doivent adopter une flexibilité stratégique. Elles doivent être prêtes à redéfinir leurs modèles d'affaires, leurs processus de production, et même leur culture d'entreprise pour intégrer l'IA. Ceci peut être illustré par une entreprise traditionnelle de vente au détail intégrant l'IA pour une expérience client personnalisée et dynamique.

L'adaptabilité, c'est aussi savoir répondre aux besoins changeants des consommateurs et des marchés. Dans un monde où les préférences et les comportements évoluent rapidement, pilotés par l'innovation technologique, comprendre et anticiper ces changements devient crucial.

L'avènement de l'intelligence artificielle est une réalité indéniable et irréversible. Si vous choisissez de vous y opposer ou de l'ignorer, sachez que votre voisin, lui, ne se privera pas d'en tirer parti. L'IA imprègne déjà nos sociétés depuis de nombreuses années ; cependant, c'est avec l'émergence de ChatGPT que le grand public a enfin pris conscience de son omniprésence et de son influence. Il est donc crucial de s'adapter à cette nouvelle ère. Rester à l'écart n'est pas une option viable. Il est temps de choisir votre camp : serez-vous de ceux qui embrassent l'avenir et exploitent le potentiel de l'IA, ou de ceux qui restent obstinément du côté obsolète de l'histoire ? Il est impératif d'agir et de se positionner du bon côté de cette révolution technologique pour ne pas être laissé pour compte. Le temps vous est compté.

Pour mettre en perspective l'urgence de cette adaptation, considérons les grandes étapes de l'adoption technologique dans l'histoire récente. Lancé dans les années 1990, Internet a connu une adoption exponentielle. En 1995, moins de 1 % de la population mondiale était en ligne. En 2005, ce chiffre avait grimpé à 16 %, et aujourd'hui, plus de 60 % de la population mondiale utilise Internet. Le premier iPhone a été introduit en 2007, marquant le début de l'ère des smartphones. En 2016, plus de 2 milliards de personnes utilisaient des smartphones. Aujourd'hui, les smartphones sont omniprésents, avec plus de 5 milliards d'utilisateurs à travers le monde. Lancé en 2020, ChatGPT a rapidement gagné en popularité avec 100 millions d'utilisateurs mensuels, devenant un outil incontournable dans de nombreux domaines, notamment l'éducation, le service client et le divertissement. Son adoption continue de croître, signalant un changement majeur dans la façon dont les individus et les entreprises interagissent avec l'IA.

La résilience

C'est la faculté de rebondir face à l'adversité, à absorber des compétences inestimables dans notre ère marquée par l'évolution effrénée de l'IA générative. Dans un monde où les technologies évoluent à un rythme vertigineux et inégalé depuis les débuts de l'humanité, l'aptitude à se rétablir rapidement après des revers est cruciale, tant pour les individus que pour les organisations.

Face aux changements incessants et parfois déroutants apportés par l'IA, il est facile de se sentir dépassé ou intimidé. Cela est vrai pour la grande majorité des personnes, pas seulement pour les technophiles ou les experts. Le monde numérique évolue si rapidement que même les utilisateurs quotidiens de technologies peuvent se sentir déconnectés. La résilience n'est pas seulement la capacité à endurer, mais aussi à s'adapter et à apprendre de l'expérience. C'est un état d'esprit qui encourage à voir les échecs non pas comme des fins, mais comme des étapes vers le succès. Cela peut commencer par des gestes simples. Commencez, par exemple, à parler à votre téléphone pour saisir vos SMS. C'est ce que me dit régulièrement mon fils quand il me voit taper sur mon écran de téléphone et mettre 5 minutes pour corriger les fautes d'orthographe et de syntaxe d'un seul SMS.

Dans le contexte de l'IA, adopter un état d'esprit résilient signifie accepter que l'apprentissage et l'expérimentation avec de nouvelles technologies peuvent impliquer des essais et des erreurs. Cela implique de garder une attitude positive et ouverte, même quand les premiers résultats ne sont pas à la hauteur des attentes. Pour le grand public, cela signifie accepter les changements apportés par l'IA dans leur travail et leur vie quotidienne, et être prêt à s'adapter et à évoluer avec eux. Cela peut aller de l'apprentissage d'un nouveau logiciel à l'adaptation à de nouvelles méthodes de travail ou de communication.

Pour ceux qui sont en première ligne de l'innovation avec l'IA, comme les créateurs et les développeurs, la résilience est encore plus critique. Ils sont souvent confrontés à des obstacles techniques, à des échecs d'expérimentations ou à des retours moins positifs que prévu. La résilience, dans ce cadre, signifie persévérer, tirer des leçons de chaque échec et ajuster continuellement leurs approches. Cela les encourage à prendre des risques calculés et à continuer d'innover, même lorsque les résultats ne sont pas immédiats ou évidents.

En somme, la résilience est une boussole essentielle pour naviguer dans le tumulte de l'ère de l'IA générative. Elle permet non seulement de surmonter les défis, mais aussi de les transformer en opportunités d'apprentissage et de croissance. Pour le grand public comme pour les innovateurs, cultiver cette résilience est un pas crucial vers une coexistence harmonieuse avec les avancées technologiques rapides de notre temps.

La curiosité

La curiosité, ce désir d'apprendre et de comprendre, est en effet un moteur essentiel pour exploiter pleinement le potentiel de l'IA générative. C'est une qualité qui ouvre des portes à des applications innovantes et à une compréhension plus profonde de cette technologie révolutionnaire. Dans l'ère de l'IA, la curiosité n'est pas un luxe, mais une nécessité, c'est le moteur qui transforme le potentiel technologique en progrès humain.

Considérez, par exemple, le domaine de l'éducation. Un enseignant curieux pourrait explorer l'utilisation de l'IA générative pour créer des supports pédagogiques personnalisés, rendant l'apprentissage plus engageant et efficace pour ses élèves. Cette curiosité pourrait le conduire à découvrir des outils tels que des plateformes d'apprentissage adaptatif, qui ajustent le contenu en fonction du niveau et du style d'apprentissage de chaque élève.

Dans le monde professionnel, un employé curieux pourrait exploiter l'IA générative pour optimiser des processus ou résoudre des problèmes complexes. Imaginons un analyste de données qui explore des modèles prédictifs basés sur l'IA pour anticiper les tendances du marché, ou un designer qui utilise l'IA pour générer des concepts innovants. Leur curiosité les pousse à dépasser les applications traditionnelles de l'IA, ouvrant la voie à de nouvelles méthodes de travail et à des solutions créatives.

Dans la vie quotidienne, la curiosité peut inciter les individus à interagir de manière plus significative avec la technologie. Par exemple, un utilisateur curieux pourrait expérimenter différentes commandes vocales pour découvrir toutes les capacités de son assistant personnel intelligent, ou utiliser des applications basées sur l'IA, développant ainsi de nouvelles compétences, comme l'apprentissage d'une langue étrangère ou la pratique des recettes de cuisine. Même dans les loisirs, la curiosité joue un rôle crucial. Les amateurs d'art ou de musique, par exemple, peuvent se servir de l'IA pour découvrir de nouveaux genres ou artistes, enrichissant ainsi leur expérience culturelle.

Ainsi, la curiosité n'est pas seulement une simple inclination ; c'est une compétence essentielle qui ouvre des horizons infinis dans l'ère de l'IA générative. Elle encourage l'exploration, la compréhension et l'innovation, permettant aux individus de toutes les sphères socio-éducatives de tirer pleinement parti des avancées technologiques et de participer activement à la construction d'un avenir où l'humain et l'IA coexistent en harmonie.

Pour ceux qui ne possèdent peu ou pas du tout ces compétences essentielles (adaptabilité, résilience et curiosité) qui aident à la compréhension et à l'utilisation de l'intelligence artificielle, il est probable qu'ils se retrouveront du côté défavorisé de cette révolution technologique. Il devient évident que l'IA est en train de redéfinir l'équilibre actuel de nos sociétés.

Projetons-nous vers le futur et envisageons les scénarios possibles d'une telle transformation :

Le premier scénario pourrait voir les plus riches, déjà en possession d'un grand nombre de ressources, s'emparer de l'IA pour accroître encore plus leur richesse. Dans ce contexte, l'IA pourrait devenir un outil d'élargissement du fossé économique, où ceux qui détiennent déjà le pouvoir et les ressources financières exploiteraient l'IA pour renforcer leur position dominante. Actuellement, dans les pays occidentaux, 10 % de la population, comprenant les cadres supérieurs, financiers, avocats, comptables, médecins, radiologues, développeurs, ingénieurs, etc., détiennent 80 % des richesses. Cependant, l'avènement de l'IA est en train de redéfinir cette répartition économique. Il est envisageable que, dans les prochaines décennies, 1 % de ces 10 % déjà privilégiés puissent s'accaparer 80 % des richesses au sein de ce groupe.

Dans un scénario extrême, on pourrait envisager le retour à un système quasi féodal, semblable à celui du Moyen Âge, où une minorité extrêmement restreinte posséderait la grande majorité des pouvoirs. Ce scénario créerait une division profonde et structurelle au sein de la société, rappelant les hiérarchies et les inégalités d'une époque révolue. Un tel scénario soulèverait des questions importantes sur l'équilibre économique et social dans un futur proche, particulièrement influencé par les développements technologiques comme l'IA.

À l'inverse, un deuxième scénario pourrait proposer une vision plus optimiste en imaginant que les populations moins favorisées s'approprient l'IA pour accéder aux connaissances et aux capacités des 10 % privilégiés. Dans cette hypothèse, l'appropriation de l'IA par le plus grand nombre pourrait permettre de diluer ces pouvoirs en amplifiant les capacités personnelles de chacun, favorisant ainsi la création de richesse pour soi et son entourage. Ici, même les moins fortunés saisiraient l'opportunité offerte par l'IA pour accéder aux connaissances et à la richesse. Ce scénario anticipe un monde où l'IA serait utilisée comme un levier d'équilibre économique, permettant à ceux qui sont actuellement défavorisés d'accroître leurs capacités personnelles et contribuer ainsi à la réduction des inégalités. Nous pouvons retrouver des idées qui alimentent cette thèse dans *The Techno-Optimist Manifesto* de Marc Andreessen.

Dans ces deux scénarios, il est clair que ceux qui parviendront à maîtriser l'IA et à se l'approprier seront maîtres de leur destin. L'impact de l'IA ne se limitera pas aux aspects économiques, il affectera également le marché du travail. Les métiers intellectuels basés sur la connaissance, tels que les avocats, les professeurs, les romanciers, ou les traducteurs, pourraient être perturbés, à l'instar de ce qui s'est passé avec l'automatisation des usines par les robots. Parallèlement, les métiers plus manuels pourraient gagner en valorisation. L'avenir pourrait tendre vers une polarisation extrême de la richesse et du pouvoir ou vers une redistribution plus équitable des ressources, grâce à un accès démocratisé à l'IA.

Je suis intimement convaincu que c'est la démocratisation de l'usage de l'IA qui favorisera l'égalité des richesses pour tous ceux qui se l'approprient. C'est ce qui m'a motivé dans la rédaction de cet ouvrage, et je ne peux que féliciter OpenAI dans sa démarche de promotion de cette technologie vers le plus grand public.

Il reste un dernier scénario à envisager, celui où les IA pourraient tomber sous le contrôle des États ou de grandes entreprises technologiques. Dans cette hypothèse, ces acteurs puissants utiliseraient l'IA comme un instrument pour manipuler et influencer le comportement et l'opinion des populations ou des clients. Dans ce cas, l'IA ne serait plus seulement un outil technologique avancé, mais deviendrait un moyen de contrôle et d'influence considérable.

L'utilisation de l'IA par les États ou les grandes entreprises soulève des questions éthiques et morales majeures. L'une des préoccupations majeures serait la vie privée des individus. Avec l'accès à des quantités massives de données et la capacité de les analyser rapidement, ces entités pourraient potentiellement surveiller les activités des individus à une échelle sans précédent. Cette surveillance pourrait aller bien au-delà de la simple collecte d'informations, s'étendant à la manipulation des choix et des comportements par le biais de techniques sophistiquées de marketing ciblé ou de propagande.

Un autre aspect préoccupant serait l'impact sur l'autonomie individuelle. Si l'IA est utilisée pour influencer les décisions et les opinions, jusqu'à quel point les individus resteraient-ils libres de leurs choix ? Cette situation pourrait conduire à un environnement où les décisions personnelles ne sont plus le résultat d'une réflexion indépendante, mais plutôt d'une manipulation subtile orchestrée par des algorithmes.

Enfin, cette utilisation de l'IA pose des questions d'éthique fondamentales. Quelles limites devraient être imposées à l'utilisation de l'IA pour garantir que cette technologie serve l'intérêt public plutôt que les objectifs spécifiques d'entités puissantes ? Comment garantir que l'IA ne soit pas utilisée pour renforcer les inégalités existantes ou pour porter atteinte à nos droits et libertés ?

Il est probable que ces trois scénarios se réaliseront simultanément, il est donc essentiel de bien comprendre les fondamentaux de cette technologie pour décrypter les opportunités et les risques pour les années à venir. L'IA ne remplace pas la créativité humaine, elle l'amplifie. Grâce à la curiosité, chaque esprit devient un atelier où l'IA devient l'outil de nos plus grandes innovations à venir.

Algorithme, apprentissage profond et générativité : décryptage

Pour saisir pleinement l'impact de l'IA générative, il est essentiel de comprendre trois concepts clés : l'algorithme, l'apprentissage profond, et la générativité.

Algorithme

Au cœur de toute intelligence artificielle, nous trouvons l'algorithme, qui est une série d'instructions programmées pour effectuer une tâche spécifique. Dans l'IA classique, ces algorithmes suivent des règles prédéfinies pour traiter des données et produire des résultats. Cependant, dans l'IA générative, ils sont conçus pour apprendre de grandes quantités de données et générer de nouveaux contenus basés sur cet apprentissage. Pour comprendre la différence entre l'IA classique et l'IA générative, il est crucial de comprendre la nature et le fonctionnement de ces algorithmes.

Dans l'IA classique

Les algorithmes de l'IA classique peuvent être comparés à des recettes de cuisine très détaillées. Ils suivent des étapes précises et des règles définies pour traiter des données. Prenons l'exemple d'un algorithme de filtrage de spam dans votre boîte de messagerie électronique. Cet algorithme est programmé pour reconnaître des mots-clés spécifiques (comme "offre exclusive", "gratuit", etc.) et des schémas de comportement (comme l'envoi fréquent de mails depuis la même adresse) pour identifier et filtrer les spams.

Dans l'IA générative

Cependant, dans l'IA générative, les algorithmes dépassent largement ces tâches prédéfinies. Ils sont conçus non seulement pour apprendre de grandes quantités de données, mais aussi pour utiliser cet apprentissage dans le but de générer quelque chose de nouveau. Imaginez un algorithme génératif comme un chef cuisinier qui, après avoir appris des centaines de recettes, commence à créer ses propres plats uniques.

Un exemple parfait est l'algorithme utilisé dans les GANs (réseaux antagonistes génératifs). Dans un GAN, deux algorithmes sont mis en compétition : l'un génère des images (le générateur), et l'autre évalue ces images (le discriminateur). Le générateur apprend à créer des images de plus en plus réalistes, tandis que le discriminateur s'entraîne à mieux distinguer les vraies images des fausses. Ce processus d'apprentissage mutuel permet au générateur de produire des images d'une qualité et d'un réalisme étonnants.

Un autre exemple concerne les modèles de langage basés sur l'apprentissage profond, comme GPT-3. Ces algorithmes analysent des gigaoctets de textes pour comprendre le langage humain. Ensuite, ils utilisent cet apprentissage pour générer du texte qui peut imiter différents styles d'écriture, répondre à des questions, ou même créer du contenu original. Ici, le défi pour l'algorithme est de trouver le mot suivant le plus réaliste d’une phrase en s’inspirant de tout ce qu’il a appris et de la question qui lui est posée.

Apprentissage profond

L'apprentissage profond, qui est une sous-catégorie du machine learning, est une technologie clé derrière l'IA générative. Inspiré par la structure et le fonctionnement du cerveau humain, l'apprentissage profond utilise des réseaux de neurones artificiels pour analyser et interpréter des modèles complexes dans de grandes quantités de données. Ces réseaux sont composés de couches de neurones, chacune traitant différents aspects des données et contribuant à la décision finale. L'apprentissage profond permet à l'IA de reconnaître des modèles, d'apprendre de l'expérience et d'améliorer ses performances au fil du temps.

Imaginez un système complexe qui reproduit le fonctionnement du cerveau humain. Dans cet univers, les réseaux de neurones artificiels sont les acteurs principaux, analysant et interprétant des données à une échelle et une complexité qui surpassent largement les capacités humaines.

Prenons un exemple concret : les systèmes de reconnaissance faciale. Ces systèmes exploitent l'apprentissage profond pour analyser des caractéristiques faciales à partir de millions d'images. Chaque couche du réseau de neurones se concentre sur différents aspects du visage : la première peut reconnaître des lignes et des contours, tandis que la suivante peut reconnaître des formes plus complexes, comme les yeux ou la bouche, et les couches suivantes interprètent des caractéristiques encore plus détaillées. En combinant toutes ces informations, le système peut identifier des visages avec une précision étonnante.

Un autre exemple est celui des assistants vocaux, tels que Siri ou Google Assistant. Ces systèmes utilisent l'apprentissage profond pour comprendre le langage naturel et interpréter des commandes vocales. Ils apprennent les nuances de la langue, comme l'intonation, le contexte et même les dialectes, pour fournir des réponses précises et personnalisées. Au fil du temps, ils s'améliorent, adaptant leurs réponses en fonction des interactions passées avec l'utilisateur.

Dans le domaine médical, l'apprentissage profond révolutionne le diagnostic et le traitement des maladies. Des systèmes basés sur cette technologie analysent des images médicales, telles que des radiographies ou des IRM, pour détecter des signes précoces de maladies comme le cancer. Ces systèmes apprennent des milliers d'images diagnostiquées, améliorant leur capacité à reconnaître des anomalies souvent imperceptibles à l'œil humain.

Enfin, dans le secteur financier, l'apprentissage profond est utilisé pour analyser des tendances de marché complexes. Les systèmes basés sur l'IA traitent d'énormes volumes de données – des fluctuations de prix aux nouvelles économiques – pour faire des prédictions sur les tendances du marché, aidant ainsi les investisseurs à prendre des décisions plus éclairées et moins spéculatives.

Ces exemples illustrent comment l'apprentissage profond, en permettant à l'IA de traiter et d'apprendre de grandes quantités de données, ouvre des possibilités jusqu'alors inimaginables dans divers domaines. Cette technologie est plus qu'un simple outil pour accomplir des tâches, elle est un partenaire dynamique dans notre quête de connaissance, d'efficacité et d'innovation.

Générativité

La générativité fait référence à la capacité de l'IA de créer du contenu nouveau et original. Contrairement aux systèmes traditionnels qui se contentent d'analyser et de traiter l'information, l'IA générative utilise ses connaissances acquises pour produire quelque chose de totalement inédit. Que ce soit en générant des images, en écrivant des textes, en composant de la musique ou même en proposant des solutions innovantes à des problèmes complexes, la générativité de l'IA transforme notre manière d'aborder la création et l'innovation.

Imaginez un logiciel qui, grâce à cette technologie, est capable de produire des œuvres d'art uniques. À partir d'une simple phrase ou d'une émotion exprimée par l'utilisateur, ce logiciel d'IA commence par analyser une vaste base de données composée de milliers d'œuvres d'art, tant historiques que contemporaines. Cette analyse ne se limite pas à reconnaître des motifs ou des couleurs ; l'IA plonge profondément dans les différents styles artistiques, les techniques utilisées et les contextes historiques de chaque œuvre. Elle est capable de décrypter les subtilités du surréalisme, les nuances du réalisme ou encore l'audace de l'expressionnisme.

Ensuite, l'IA utilise ces informations pour combiner et réinterpréter les éléments artistiques qu'elle a appris. Par exemple, elle pourrait fusionner la technique de pinceau de Van Gogh avec les motifs colorés de Kandinsky, ou intégrer la composition spatiale de Vermeer avec la palette de couleurs de Matisse. L'objectif n'est pas de copier, mais de créer quelque chose de totalement nouveau, une œuvre qui n'existe pas encore.

La force de cette IA réside dans sa capacité à générer une image entièrement originale. Chaque création est unique, un produit de l'algorithme qui interprète et transforme les données en une nouvelle expression artistique. Cette image reflète une synthèse de l'histoire de l'art, vue à travers le prisme de l'intelligence artificielle.

Ce type d'IA générative n'est pas seulement un outil pour créer de l'art, il représente également une nouvelle façon d'explorer l'histoire et la théorie artistiques. En générant des œuvres qui combinent divers éléments de l'art à travers les époques, l'IA peut offrir de nouvelles perspectives et inspirer à la fois les artistes et les amateurs d'art. Elle peut permettre de visualiser des "si" historiques – que se serait-il passé si des artistes de différentes époques et styles avaient collaboré ?

Cette idée s'apparente aux collaborations modernes que l'on retrouve dans le monde de la musique, telles que les fameux “featurings” (*feat*) dans le rap actuel ou les 'back-to-back' (B2B) dans les concerts live de musique électronique. L'IA peut ainsi créer des œuvres qui, par exemple, mêleraient le style de Claude Monet, le maître impressionniste, et Salvador

Dalí, l'icône surréaliste. Ce mélange d'époques et de styles ouvre un champ de possibilités créatives, redéfinissant les frontières de l'art et encourageant une appréciation plus profonde de l'évolution artistique à travers le temps.

Ou alors, imaginez que vous ayez à rédiger un rapport ou une thèse, l'IA peut vous rédiger une première version du document, et c'est là que commence votre véritable travail. En quelque sorte, vous « hackez » votre cerveau. La présence de ce texte initial, même si imparfait, déclenche une réaction en chaîne dans votre esprit. Vous ne pourrez résister à l'envie d'améliorer ce paragraphe, de rectifier les erreurs ou les « âneries » éventuelles de l'IA, et de vérifier ses sources et théories. Cette approche transforme le processus d'écriture en une résolution de problèmes passionnante. Peu à peu, sans même vous en rendre compte, vous continuez à développer votre texte. Plus encore, cette méthode est un remède efficace contre ce syndrome de la page blanche qui effraie tant d'auteurs, d'écrivains et d'essayistes. Ainsi, l'IA devient un tremplin stimulant votre créativité en vous aidant à surmonter les obstacles de l'écriture.

Pensez à un système d'IA capable de rédiger des histoires romantiques. En saisissant quelques lignes de départ, l'utilisateur déclenche un processus créatif où l'IA, s'appuyant sur sa connaissance de millions de textes, génère une narration cohérente et captivante. Visualisez une IA générative qui compose de la musique. En se basant sur des paramètres tels que le genre, l'ambiance ou même une mélodie sifflée par l'utilisateur, l'IA analyse des structures musicales, des harmonies et des rythmes pour créer une composition musicale originale. Chaque morceau serait une exploration unique de sons et de mélodies, offrant de nouvelles expériences auditives aux compositeurs.

Imaginez l'usage d'une IA pour résoudre des problèmes complexes en ingénierie ou en science. Face à un défi spécifique, comme la conception d'un composant aéronautique ou la formulation d'un nouveau médicament, l'IA générative peut proposer des solutions innovantes. Elle le fait en analysant d'énormes ensembles de données et en générant des modèles ou des compositions chimiques qui n'ont jamais été envisagés auparavant, poussant ainsi les limites de la découverte humaine.

Ces exemples montrent comment la générativité de l'IA transforme notre approche de la création et de l'innovation, en ouvrant la voie à des possibilités illimitées dans des domaines aussi variés que l'art, la littérature, la science et la musique. La générativité n'est pas seulement une fonctionnalité technique, c'est une porte ouverte sur un monde où l'imagination et la technologie fusionnent pour créer quelque chose de véritablement nouveau et extraordinaire.

En combinant ces éléments – algorithmes, apprentissage profond (*deep learning*) et générativité –, l'IA se positionne comme une force puissante dans le paysage technologique actuel. Elle ouvre un champ des possibles dans de nombreux domaines, de l'art à la science, en passant par le commerce et l'éducation, redéfinissant ce qu'il est possible d'accomplir avec l'aide de la technologie.

Chapitre 3. L'impact sur notre identité humaine

Êtes-vous prêt à redéfinir ce que signifie « être humain » à l'ère de l'IA ?

L'avènement de l'IA pose une question fondamentale : sommes-nous prêts à redéfinir notre identité et notre rôle en tant qu'êtres humains dans un monde où les machines peuvent apprendre, créer et même penser de manière traditionnellement considérée comme exclusivement humaine ? Cette question n'est pas simplement philosophique ; elle a des implications pratiques et profondes dans notre vie quotidienne.

Le bouleversement des rôles traditionnels

Avec l'IA, les rôles traditionnellement attribués à l'homme et à la machine deviennent flous. Prenons l'exemple de la création artistique. Autrefois, l'art était considéré comme le domaine par excellence de l'expression humaine. Aujourd'hui, des algorithmes génératifs peuvent créer des œuvres d'art qui rivalisent avec celles des artistes humains. Ce changement soulève des questions sur la nature de la créativité et de l'originalité : si une machine peut peindre, écrire ou composer de la musique, qu'est-ce qui distingue alors l'expression artistique de l'humain ?

Considérons un système d'IA capable de peindre des tableaux. En analysant des milliers d'œuvres d'art, l'IA apprend les styles et techniques de grands maîtres, et peut ensuite créer des œuvres originales qui imitent ces styles ou en fusionnant plusieurs. À première vue, ces œuvres pourraient sembler indiscernables de celles créées par des artistes humains. Cela soulève une question clé : la créativité réside-t-elle dans l'acte de créer quelque chose de nouveau ou dans l'intention et l'émotion humaine qui se cachent derrière l'œuvre ?

Lorsqu'une IA écrit un poème ou compose une pièce musicale, elle utilise des algorithmes pour choisir des mots ou des notes qui, selon son apprentissage, fonctionnent bien ensemble. Cependant, ce « choix » est basé sur des analyses de données et des modèles préexistants, et non sur une expérience vécue ou une inspiration émotionnelle, comme c'est souvent le cas pour les humains. Cela nous amène à nous demander si l'originalité réside dans la nouveauté de la création ou dans l'expérience unique et subjective de l'artiste humain.

Un autre aspect important à considérer est l'authenticité. Quand un artiste humain crée, son œuvre est habituellement un reflet de son identité, de ses expériences et de ses émotions. Lorsqu'une IA crée, elle ne possède pas de tels vécus ou sentiments. Cela nous amène à réfléchir sur ce qui rend une œuvre d'art authentique : est-ce le reflet d'une expérience humaine personnelle ou simplement la capacité de produire quelque chose d'esthétiquement plaisant ou techniquement impressionnant ?

En somme, l'entrée de l'IA dans le domaine de la création artistique nous invite à reconsidérer nos définitions de la créativité, de l'originalité et de l'authenticité. Elle nous pousse à explorer de nouvelles façons de comprendre l'art et l'expression humaine, dans un monde où les limites entre l'homme et la machine deviennent de plus en plus diffuses.

L'extension de nos capacités cognitives

L'IA peut également être vue comme une extension de nos capacités cognitives. Les outils basés sur l'IA peuvent traiter des quantités de données bien au-delà de ce que l'esprit humain peut gérer, offrant ainsi de nouvelles perspectives et solutions à des problèmes complexes. Par exemple, les chercheurs utilisent l'IA pour analyser des données environnementales afin de modéliser les changements climatiques, ou pour comprendre des modèles complexes dans les données génétiques. Ces avancées représentent une extension de nos propres capacités intellectuelles, redéfinissant notre manière de comprendre et d'interagir avec le monde.

Par exemple, dans le domaine de la conservation de la biodiversité, les technologies de l'intelligence artificielle contribuent de plusieurs manières essentielles. Premièrement, les technologies de reconnaissance d'images basées sur l'IA, telles que les réseaux neuronaux convolutifs, permettent d'automatiser la reconnaissance d'espèces en voie de disparition. C’est d'une importance capitale car cela aide les experts et les organisations pour la conservation de la biodiversité à identifier plus efficacement et rapidement les espèces menacées. Cette rapidité de reconnaissance est cruciale, surtout lorsqu'il s'agit de prendre des mesures urgentes pour protéger ces espèces.

De plus, cette application de l'IA est particulièrement utile pour la surveillance des aires protégées. Dans ces zones, de grandes quantités de vidéos et d'images sont souvent collectées par des caméras de surveillance ou des drones. L'analyse manuelle de ces données serait extrêmement chronophage et coûteuse. Grâce à l'IA, ces images peuvent être analysées automatiquement pour détecter la présence d'espèces rares ou menacées. Cela permet non seulement d'économiser du temps et des ressources, mais aussi d'améliorer l'efficacité des efforts de protection.

L'IA peut également aider à suivre les tendances et les schémas de déplacement des animaux dans leur habitat naturel. Cela fournit des informations précieuses sur les habitudes des espèces menacées et sur la manière dont les changements environnementaux ou humains affectent leur comportement. Ces données peuvent ensuite être utilisées pour informer les stratégies de conservation et pour créer des plans de gestion plus efficaces pour les aires protégées.

Ainsi, l'IA est utilisée pour analyser des données provenant de la cartographie satellitaire et aérienne. Cette analyse peut fournir une vision en temps réel des changements qui se produisent dans de grands écosystèmes. Par exemple, elle peut générer des informations détaillées sur les émissions de CO2 et de méthane, la pollution atmosphérique, l'aménagement du territoire, l'évolution des niveaux d'eau, ou la croissance de nouveaux arbres dans les zones en cours de restauration. Ces informations sont cruciales pour comprendre et gérer l'impact des activités humaines sur l'environnement.

De plus, les capacités computationnelles de l'IA permettent de modéliser plusieurs scénarios d'avenir, tels que les changements climatiques et leur impact sur la biodiversité, la propagation de parasites et de virus, ou l'ampleur de catastrophes naturelles. Cette modélisation aide à mieux comprendre notre planète et nos interactions avec ses écosystèmes, fournissant ainsi des outils précieux pour la prise de décisions en matière de politique environnementale et de conservation.

Les questions éthiques et morales

L'interaction avec l'IA générative soulève également d'importantes questions éthiques et morales. La dépendance croissante à l'égard de l'IA dans nos vies questionne l'autonomie et la prise de décision humaines. Faire confiance à une IA pour prendre des décisions importantes, comme les soins médicaux ou les investissements financiers, nous oblige à repenser notre relation avec la technologie et les limites de notre contrôle sur celle-ci.

Prenons un exemple extrême pour illustrer le propos. Imaginez l'usage de l'IA dans le système judiciaire, capable de trancher des affaires en se basant exclusivement sur des données et preuves factuelles, éliminant ainsi toute influence émotionnelle. Cette IA pourrait évaluer la fiabilité des témoignages et la gravité des infractions selon l'application stricte de la loi. Un tel système garantirait une application de la justice uniforme et dépourvue de parti pris, « la justice aveugle » en quelque sorte. Voulons-nous vivre dans une telle société ?

Par ailleurs, la manipulation de masse peut être largement facilitée par la prise de contrôle du corpus de connaissances qui a permis l'apprentissage des IA. Chaque grande civilisation peut ainsi manipuler la pensée de sa population, mais également des groupes extrémistes qui prônent la violence comme solution politique. À l'inverse, un corpus de connaissances humaniste, raisonnable, pragmatique, peut rassembler les peuples autour d'un idéal de civilisation pour une coexistence harmonieuse.

En somme, l'ère de l'IA générative nous invite à réfléchir profondément sur ce que signifie d'être humain. Elle nous pousse à reconsidérer notre place dans un monde où les frontières entre l'humain et la machine deviennent de plus en plus floues. Cette réflexion est essentielle, non seulement pour comprendre les changements actuels, mais aussi pour façonner de manière responsable notre avenir avec l'IA.

Opportunités et risques d'une coexistence étroite avec la technologie

L'ère de l'IA générative nous propulse dans une réalité où notre cohabitation avec la technologie devient plus intime et complexe que jamais. Cette proximité nous ouvre les portes d'un monde où l'impossible semble soudainement à portée de main, où l'IA n'est pas seulement un outil, mais un partenaire qui élargit nos horizons. Mais avec ces avancées spectaculaires viennent des questions cruciales : quels sont les risques cachés derrière ces opportunités éblouissantes ? Comment cette fusion avec la technologie redéfinit-elle notre existence même ?

Cette proximité avec la technologie ouvre la voie à une efficacité accrue, une productivité améliorée et une créativité renouvelée. Les entreprises peuvent utiliser l'IA pour optimiser leurs opérations, les éducateurs pour personnaliser l'apprentissage et les professionnels de santé pour améliorer les diagnostics et les traitements. L'IA peut également faciliter la vie quotidienne, en simplifiant des tâches comme la gestion de la maison ou les déplacements.

L'omniprésence croissante de la technologie dans nos vies soulève des préoccupations concrètes. Par exemple, avec l'usage croissant des assistants personnels intelligents et des dispositifs connectés, la confidentialité des conversations domestiques et des habitudes personnelles peut être compromise. En matière de santé, l'utilisation de l'IA pour analyser des dossiers médicaux sensibles soulève des questions sur la sécurité et la confidentialité des données des patients.

Beaucoup l'ignorent, mais la plupart d'entre nous ont déjà intégré l'intelligence artificielle dans notre quotidien sans même s'en rendre compte. Prenons l'exemple de l'application Waze, d'aide à la navigation. En réalité, cette application est une forme d'IA dédiée à la circulation routière. Waze utilise votre position pour définir le meilleur itinéraire, en tenant compte des critères comme la rapidité, le coût (en évitant les péages par exemple) et même la préférence pour les petites routes. Ce système fonctionne sur un principe simple : il ajoute des signes « moins » (-) lorsque vous freinez et des signes « plus » (+) lorsque vous accélérez, permettant ainsi de connaître en temps réel l'état du trafic routier sur l'ensemble du pays.

L'efficacité de Waze s'accroît avec le nombre d'utilisateurs. Plus il y a de personnes qui l'utilisent, plus les données recueillies sont précises, rendant l'application toujours plus fiable dans la régulation du trafic. En outre, Waze contribue à la sécurité routière en signalant divers obstacles ou dangers, tels que les véhicules arrêtés, les nids-de-poule ou les accidents. L'application offre également des rappels de limitation de vitesse grâce à des alertes vocales. Cette technologie est tellement intégrée dans nos habitudes que nous ne parlons plus d'IA de la route, mais simplement de Waze. C'est devenu un outil indispensable dans nos vies, illustrant parfaitement comment l'IA s'insère subtilement dans notre quotidien, souvent sans que nous en soyons pleinement conscients.

D'autre part, une dépendance excessive à la technologie peut affaiblir certaines compétences humaines essentielles. Par exemple, l'utilisation accrue de la communication numérique peut diminuer notre aptitude à interagir en face à face, affectant ainsi notre capacité à percevoir et à répondre aux signaux non verbaux, essentiels dans la communication humaine.

Concernant les biais algorithmiques, prenons le cas des systèmes de recrutement basés sur l'IA. Si ces systèmes sont entraînés avec des données historiques biaisées, ils peuvent perpétuer la discrimination, par exemple en favorisant inconsciemment certains groupes de candidats sur la base du genre ou de l'origine ethnique.

Ces exemples concrets soulignent la nécessité d'une vigilance et d'une régulation accrues dans l'application de l'IA. Il est essentiel de s'assurer que les systèmes intelligents soient entraînés avec des données diversifiées et représentatives pour éviter la perpétuation de préjugés existants. De plus, la mise en place de mécanismes de contrôle et d'audits réguliers sont cruciaux pour identifier et corriger tout biais potentiel. Ces mesures sont indispensables pour garantir l'équité de traitement dans notre société, notamment dans des domaines aussi importants que le recrutement, les services financiers, la santé et bien d'autres.

Pour gérer efficacement cette coexistence avec l'IA, il est capital de développer des stratégies et des politiques qui maximisent ses avantages tout en minimisant ses risques. Cela implique une réglementation attentive pour protéger la confidentialité et la sécurité des données, tout en encourageant l'innovation et le développement technologique. Il est également important d'éduquer et de former les individus pour qu'ils comprennent et utilisent l'IA de manière responsable, en mettant l'accent sur le maintien des compétences humaines et des interactions sociales.

Il y a une partie de la population qui est très éloignée du numérique, particulièrement les personnes âgées qui vivent au quotidien la fracture numérique. Nous vivons de plus en plus dans un monde où les services à la personne, qu'ils soient publics ou privés, se numérisent, les interactions se réalisent via des smartphones ou des sites Internet. Les guichets des banques, des établissements publics, des gares disparaissent petit à petit et les horaires d'ouverture se réduisent inexorablement, tout ceci pour des raisons essentiellement économiques mais aussi par manque de vocations.

C'est dans ce contexte que la révolution de l'IA générative a un rôle à jouer. Imaginez que l'interaction avec ce monde numérique se simplifie par une conversation avec un assistant. Celui-ci pourrait aider les utilisateurs à naviguer parmi les options disponibles, à réaliser des transactions comme acheter un billet de train ou finaliser des démarches administratives, etc. L'échange serait une simple conversation banale, ce que nous faisons naturellement depuis des millénaires, et pourrait ainsi grandement diminuer la fracture numérique au profit de toute la population.

En somme, l'ère de l'IA générative offre un potentiel immense pour transformer nos vies de manière positive. Toutefois, cette coexistence étroite avec la technologie doit être menée avec prudence et responsabilité, en tenant compte des implications éthiques, sociales et de la protection de la vie privée.

Maîtriser le corpus de connaissance pour plus d'humanité

Dans cette ère, où l'IA générative devient de plus en plus omniprésente, maîtriser le corpus de connaissances associé à cette technologie est essentiel pour préserver et enrichir notre humanité. Comprendre comment ces systèmes fonctionnent, connaître leurs limites et leurs possibilités permet non seulement d'utiliser l'IA de manière éthique et responsable, mais aussi de garantir que cette technologie sert à renforcer, plutôt qu'à diminuer, les qualités qui nous rendent profondément humains : l'empathie, la créativité, la communication, le partage et la capacité à établir des liens significatifs avec autrui.

Approfondir notre compréhension de l'IA générative nous permet d'intégrer cette technologie dans nos vies de manière à valoriser et à amplifier nos qualités humaines. Par exemple, l'utilisation éthique de l'IA dans les soins de santé peut améliorer l'empathie en libérant du temps pour les interactions patient-médecin, tandis que dans l'éducation, elle peut offrir des expériences d'apprentissage personnalisées qui respectent les besoins individuels des élèves.

De plus, en comprenant les mécanismes de l'IA, nous pouvons mieux anticiper et atténuer les risques de déshumanisation et de dépendance excessive. Cette maîtrise du savoir autour de l'IA est cruciale pour construire un futur où la technologie enrichit notre humanité, plutôt que de la supplanter.

Partie II : L'IA générative au service de votre quotidien

Chapitre 1. L'humain face à la machine : un duel ou un duo ?

Rupture des mythes : l'IA n'est ni votre ennemi, ni une entité omnisciente.

Certains prétendent que l'IA a déjà atteint le point de singularité, le moment où elle devient consciente et se dote d'une volonté propre. Je ne développerai pas ce thème dans cet ouvrage, qui sera par ailleurs largement appréhendé par les milieux scientifiques, politiques et législatifs. Je suis convaincu que l'humanité saura en tirer le meilleur, sachant que le pire n'est jamais une certitude.

Il est essentiel de déconstruire certains mythes qui entourent l'IA, notamment l'idée qu'elle serait soit un adversaire redoutable, soit une entité toute puissante. En réalité, l'IA est un outil créé et contrôlé par les humains, conçu pour compléter et enrichir nos capacités. Elle n'est pas dotée d'une conscience ou de désirs propres, mais fonctionne selon des algorithmes et des données qui lui sont fournies.

Cette vision nous permet de voir l'IA comme un collaborateur dans divers domaines, de la résolution de problèmes complexes à la simplification des tâches quotidiennes, transformant ainsi le duel perçu en un duo harmonieux. Il est essentiel de démystifier ce que l'IA n'est pas. Loin d'être une force omnisciente ou un antagoniste sorti tout droit d'un film de science-fiction, l'IA, en réalité, se positionne comme un outil, un compagnon dans l'odyssée de notre quotidien.

En réalité, l'IA générative est un outil puissant qui, lorsqu'il est utilisé judicieusement, peut considérablement améliorer notre efficacité, notre créativité et même notre compréhension du monde. Elle agit comme un miroir amplifiant nos propres capacités cognitives, nos désirs d'exploration et d'innovation. C'est une extension de notre propre intellect, un complément à notre manière de penser et d'interagir avec le monde.

Pour mieux comprendre cette relation symbiotique, considérons l'exemple de l'utilisation de l'IA dans le domaine de la santé. Ici, l'IA ne remplace pas les médecins, mais les assiste en fournissant des analyses rapides et précises de grandes quantités de données médicales, permettant ainsi un diagnostic plus affiné et une personnalisation des traitements. Cet exemple illustre parfaitement comment l'IA peut agir en tant que partenaire, amplifiant nos capacités humaines plutôt que de les supplanter.

En reconnaissant que l'IA est un outil créé par l'homme pour servir l'homme, nous pouvons commencer à explorer son potentiel véritable sans crainte ni appréhension. C'est en collaborant avec cette technologie, en l'orientant vers des fins constructives et éthiques, que nous pourrons réellement bénéficier de tout ce que l'IA générative peut offrir. Ce n'est donc pas un duel, mais plutôt un duo harmonieux, un partenariat entre l'homme et la machine qui ouvre la voie à un avenir où la technologie renforce notre humanité plutôt que de la menacer.

La collaboration homme-machine : la clé de la réussite de demain

L'avenir se dessine à la croisée de l'humain et de la machine, un point de convergence où la collaboration devient le moteur principal du progrès. Cette synergie homme-machine n'est pas un simple concept futuriste, mais une réalité en pleine émergence, redéfinissant les contours de la réussite dans divers domaines.

Considérons d'abord l'aspect créatif de cette collaboration. Dans les industries créatives, l'IA ne supplante pas la créativité humaine, mais la stimule. Les artistes, écrivains et concepteurs utilisent l'IA comme un outil pour étendre leurs horizons créatifs, en générant de nouvelles idées, en explorant des territoires inconnus et en transcendant les limites traditionnelles de l'expression artistique. L'IA agit comme un catalyseur, poussant les créateurs à réfléchir au-delà de leurs conceptions habituelles et à expérimenter de nouvelles formes d'art.

Examinons le cas de l'immobilier de bureau en 2024, une période marquée par une crise mondiale touchant tous les secteurs, y compris celui de l'immobilier. Depuis la pandémie, il est devenu courant de travailler à domicile, en moyenne un jour par semaine, ce qui représente 20 % du temps de travail hebdomadaire. Cette tendance a inévitablement entraîné une diminution de la demande en immobilier de bureau, tout en stabilisant légèrement le marché de l'immobilier locatif puisque les personnes passent désormais plus de temps chez eux.

Dans ce contexte, les projets de conversion des immeubles de bureaux en logements locatifs se sont multipliés, entraînant une transformation significative de l'environnement urbain. Pour réussir cette transition, il devient nécessaire de repenser l'aménagement des quartiers : écoles, pharmacies, magasins d'alimentation, etc., doivent être intégrés dans la planification urbaine. C'est là que l'intelligence artificielle peut jouer un rôle important. En intégrant des données variées dans un système d'IA, avec un contexte et des contraintes spécifiques, nous pouvons solliciter des suggestions pour optimiser l'espace et répondre efficacement à ces contraintes.

L'IA, en proposant des idées innovantes, permet de gagner un temps précieux et d'augmenter la productivité. Même si la totalité de ses propositions ne sont pas retenues, elles ont le mérite de stimuler la réflexion et la créativité. Chaque idée rejetée représente une opportunité d'approfondir la réflexion, évitant ainsi de perdre du temps et de l'attention sur des pistes moins productives. Au final, cette approche permet de faire des choix plus éclairés et efficaces dans la redéfinition des espaces urbains dans cet exemple précis.

Dans le monde des affaires, la collaboration homme-machine se manifeste par une augmentation de l'efficacité et de l'innovation. Les systèmes d'IA aident à analyser d'énormes volumes de données, fournissant des indications précieuses qui peuvent guider les décisions stratégiques. En s'appuyant sur les capacités analytiques de l'IA, les professionnels peuvent se concentrer sur des aspects plus stratégiques et créatifs de leur travail, laissant les tâches répétitives et l'analyse de données complexes à leur partenaire numérique.

De plus, dans le secteur de l'éducation, la collaboration homme-machine ouvre des voies inédites pour l'apprentissage personnalisé. L'IA peut adapter les parcours éducatifs aux besoins et aux styles d'apprentissage de chaque étudiant, offrant ainsi une expérience éducative plus efficace et engageante. Les enseignants, libérés de certaines contraintes administratives et répétitives, peuvent se concentrer sur l'aspect humain de l'enseignement : l'inspiration, la motivation et la connexion personnelle avec les élèves.

Prenons le cas particulier du jeu d'échecs : depuis plusieurs années, la machine a dépassé l'humain en gagnant des parties mémorables face aux plus grands maîtres de la planète. Nous aurions pu penser que cela aurait eu un impact désastreux sur la pratique de ce jeu. C'est exactement l'inverse qui s'est passé, le nombre de joueurs a augmenté de plus de 30 % ces dernières années. Les machines ont massivement été utilisées pour former et entraîner les joueurs qui ont gagné en performance et s'affrontent aujourd'hui à des niveaux toujours plus élevés pour plus de spectacle. Il en est de même avec le jeu de Go, où la machine a découvert des stratégies gagnantes inexplorées par l'humain depuis plus de 2500 ans.

Cette symbiose entre l'homme et la machine dépasse le cadre professionnel et s'infiltre dans la vie quotidienne. Prenons l'exemple d'un assistant intelligent qui simplifie les tâches ménagères. Ces appareils peuvent être programmés pour gérer les tâches ménagères de façon proactive. Par exemple, en se connectant à votre réfrigérateur intelligent, ils peuvent suivre le contenu et la quantité de vos provisions. Si votre stock de lait est bas et que le système sait que vous achetez habituellement du lait chaque semaine, il peut vous rappeler de le commander, ou même passer la commande automatiquement auprès de votre supermarché en ligne favori.

Il est important de noter que ces systèmes, tout en étant pratiques, peuvent également présenter des biais si les données sur lesquelles ils sont entraînés ne sont pas diversifiées. Par exemple, un assistant qui suggère des recettes pourrait involontairement privilégier une certaine cuisine culturelle si sa base de données manque de diversité. De même, un système de gestion des achats domestiques pourrait développer un biais en suggérant des produits basés sur des stéréotypes de genre ou d'âge.

Ces exemples illustrent comment l'IA peut enrichir les interactions humaines en allégeant le fardeau des tâches quotidiennes. Cependant, ils soulignent également la nécessité d'une conception et d'une régulation attentives pour garantir que ces technologies servent l'intérêt de tous de manière équitable. En fin de compte, ces assistants intelligents ne remplacent pas les interactions humaines mais les complètent, permettant aux individus de se concentrer sur des activités plus enrichissantes et significatives.

En conclusion, la collaboration homme-machine n'est pas une compétition, mais un partenariat complémentaire. Elle symbolise l'alliance de l'intuition, de la créativité et de l'émotion humaines avec la précision, la rapidité et l'efficacité de la machine. Cette synergie est la clé de la réussite de demain, un avenir où l'humain et la machine travaillent de concert pour atteindre des sommets inexplorés de créativité, d'efficacité et d'innovation.

Si vous ne prenez pas le contrôle, quelqu'un d'autre le fera pour vous

Ce chapitre est à la fois un avertissement et un appel à l'action. Dans un monde où l'IA générative se déploie à grande échelle, prendre le contrôle de cette technologie ne signifie pas seulement comprendre son fonctionnement ou l'utiliser à des fins récréatives, cette technologie doit également nous interroger sur la manière dont elle façonne le futur de notre société, notre culture et nos vies personnelles et professionnelles.

L'absence d'engagement ou de compréhension de l'IA peut conduire à une dépendance aveugle ou à une utilisation inappropriée de cette technologie. Sans une compréhension adéquate, les individus et les organisations risquent de se laisser guider par des algorithmes dont ils ne saisissent ni les mécanismes, ni les intentions sous-jacentes. Cette dépendance passive peut mener à des décisions biaisées, à une perte d'autonomie personnelle et professionnelle, et finalement, à une diminution de notre capacité à façonner notre propre avenir.

Lorsque les utilisateurs s'en remettent aveuglément à l'IA sans en comprendre les principes fondamentaux, ils développent une dépendance qui les rend vulnérables à des erreurs ou à des manipulations. Par exemple, si une entreprise s'appuie sur un algorithme d'IA pour le recrutement sans comprendre comment il sélectionne les candidats, elle pourrait inconsciemment perpétuer des biais de genre ou de race et, plus grave, des biais de compétences comportementales.

Sans une compréhension claire de l'IA, les individus et les organisations peuvent perdre leur capacité à évaluer de façon critique les recommandations fournies par celle-ci. Cela peut entraîner l'acceptation de solutions inadaptées ou inefficaces. Prenons l'exemple de la médecine : un médecin qui se fie aveuglément à un diagnostic d'IA sans le remettre en question pourrait passer à côté d'un aspect crucial du patient.

Une méconnaissance de l'IA peut exposer les utilisateurs à des menaces de cyber sécurité. Si les utilisateurs ne comprennent pas comment les données sont collectées, stockées et utilisées par les systèmes d'IA, ils peuvent involontairement compromettre leur vie privée ou celle de leurs clients. Par exemple, l'utilisation sans discernement d'applications basées sur l'IA peut conduire à des fuites de données sensibles de l'entreprise, ou bien à des données personnelles.

Lorsque les décisions sont entièrement déléguées à l'IA, cela peut conduire à des résultats non désirés, surtout si l'algorithme n'a pas été correctement calibré ou surveillé. Dans des secteurs comme la finance, une prise de décision automatisée sans supervision humaine adéquate peut conduire à des investissements risqués ou à des pertes substantielles.

Un usage excessif de l'IA peut entraîner une diminution des compétences humaines. Par exemple, si un pilote s'en remet systématiquement aux systèmes automatisés sans pratiquer lui-même périodiquement, il peut perdre des compétences de pilotage cruciales nécessaires en cas d'urgence.

Les algorithmes d'IA sont conçus par des humains et peuvent donc intégrer leurs préjugés dans les données d'apprentissage. Si ces systèmes sont utilisés sans discernement, ils peuvent amplifier les biais existants dans des domaines tels que la justice pénale, le crédit bancaire ou l'emploi, renforçant ainsi les inégalités sociales.

D'autre part, l'engagement actif avec l'IA implique une éducation continue sur ses développements et ses implications. Cela implique qu'il faut rester informé, être critique vis-à-vis des sources d'information et comprendre comment et pourquoi certaines décisions algorithmiques sont prises. Cela implique également de reconnaître les biais potentiels de l'IA et de travailler activement à les corriger afin de garantir une utilisation équitable et éthique de la technologie.

Dans le contexte professionnel, prendre le contrôle signifie intégrer l'IA dans les processus de travail d'une manière qui valorise et complète les compétences humaines plutôt que de les remplacer. Cela nécessite de redéfinir les rôles et les compétences en mettant l'accent sur les qualités humaines uniques, telles que la créativité, l'empathie et le jugement critique, qui ne peuvent pas être entièrement délégués à l'IA.

Il est nécessaire de former les employés pour comprendre et interagir efficacement avec l'IA. Cela inclut non seulement des compétences techniques, mais aussi la capacité de comprendre les limites et les applications potentielles de l'IA. Par exemple, un atelier de formation sur l'interprétation des résultats d'analyse de données d'IA peut aider les employés à prendre des décisions plus éclairées.

Les rôles professionnels doivent évoluer pour intégrer l'IA de manière complémentaire. Par exemple, dans le domaine des ressources humaines, l'IA peut être utilisée pour la présélection des candidats, mais les décisions finales d'embauche devraient être prises par des humains, en tenant compte des nuances et de l'empathie nécessaires.

L'intégration de l'IA peut mener à la création de nouveaux rôles tels que les analystes de données, les ingénieurs en IA et les spécialistes en éthique de l'IA. Ces postes sont cruciaux pour gérer et superviser l'utilisation éthique et efficace de l'IA au sein des organisations.

Encourager les équipes à utiliser l'IA comme un outil pour l'innovation. Par exemple, dans les domaines de la conception et de l'ingénierie, l'IA peut générer des prototypes et des modèles, mais la créativité humaine est essentielle pour finaliser les designs et pour leur donner un sens pratique et esthétique.

Mettre en valeur les compétences humaines qui ne peuvent être répliquées par l'IA, telles que la compréhension des émotions clients, le jugement moral et éthique, et l'adaptabilité dans des situations complexes et changeantes.

Mettre en place des systèmes d'évaluation pour surveiller l'efficacité de l'IA et recueillir des retours d'expérience de la part des employés. Cela permet d'ajuster et d'améliorer continuellement l'intégration de l'IA en fonction des besoins et des objectifs de l'entreprise.

Trouver le juste équilibre entre les tâches automatisées par l'IA et celles qui nécessitent une intervention humaine. Par exemple, dans le service client, l'IA peut gérer les requêtes standard, mais les interactions plus complexes et sensibles devraient être gérées par des humains.

À une échelle plus large, prendre le contrôle de l'IA signifie également participer aux discussions et aux décisions concernant la régulation de cette technologie. Il est essentiel que la société dans son ensemble, y compris les citoyens ordinaires, les décideurs politiques, les experts technologiques et les éthiciens, collabore pour définir les normes et les principes qui guideront l'utilisation de l'IA. Cette participation collective garantit que la technologie sert l'intérêt public et respecte les valeurs fondamentales, comme la justice, la dignité et le respect de la vie privée.

En résumé, « Si vous ne prenez pas le contrôle, quelqu'un d'autre le fera pour vous » n'est pas seulement un avertissement, mais une incitation à devenir un acteur conscient et actif dans l'ère de l'IA. En s'engageant de manière éclairée et responsable avec l'IA générative, nous pouvons non seulement maximiser ses avantages, mais aussi façonner un avenir où la technologie sert à enrichir, plutôt qu'à diminuer, notre expérience humaine.

L'impact de l'IA sur la société, les professions, et vous

L'IA générative est en constante évolution. Grâce à sa capacité à apprendre, à s'adapter et à créer, elle aura un impact profond sur les professions, la société et la vie individuelle. Les signes de son influence sont déjà visibles dans de nombreux secteurs et reconnaître ces indices est essentiel pour anticiper et s'adapter aux changements à venir.

Dans presque tous les domaines, des tâches autrefois manuelles ou routinières sont désormais automatisées par l'IA. Par exemple, dans le secteur juridique, l'IA est utilisée pour l'analyse de documents et la recherche juridique, permettant aux avocats de se concentrer sur des aspects plus stratégiques de leur travail. Dans le domaine médical, des IA participent au diagnostic et à la planification des traitements, transformant le rôle des professionnels de la santé.

L'IA influence la manière dont les individus interagissent avec le monde qui les entoure. Les médias sociaux, par exemple, utilisent des algorithmes d'IA pour personnaliser les flux d'informations, influençant ainsi la perception publique et la diffusion de l'information. Dans le secteur éducatif, l'IA offre des opportunités d'apprentissage personnalisé, redéfinissant l'expérience éducative.

L'IA devient un outil quotidien pour beaucoup, facilitant des tâches allant de la planification d'itinéraires de voyage à la recommandation de produits. Ces interactions quotidiennes façonnent nos habitudes, nos préférences et notre manière de prendre des décisions.

Chaque secteur présente des signes distincts de l'influence de l'IA. Dans le commerce de détail, par exemple, l'utilisation croissante de l'IA pour l'analyse des données clients et la personnalisation des expériences d'achat indique un changement vers un commerce plus orienté vers les données. Dans le secteur financier, l'adoption de systèmes d'IA pour la gestion des risques et la prédiction des tendances du marché montre une évolution vers une prise de décision plus analytique. Pour rester pertinent et compétitif, il est crucial de comprendre et d'adopter les changements apportés par l'IA. Cela peut impliquer la formation continue, la réévaluation des modèles d'affaires, mais aussi l'adoption de nouvelles stratégies centrées sur les capacités complémentaires de l'IA et de l'humain.

En conclusion, l'impact de l'IA générative est déjà tangible dans de nombreux aspects de notre vie. En reconnaissant et en comprenant ces changements, les individus, les entreprises et la société dans son ensemble peuvent mieux se préparer à naviguer et à prospérer dans cet avenir influencé par l'IA.

Chapitre 2. Optimisation du temps et de votre productivité

Les assistants virtuels : de la simple planification d'alarmes aux décisions complexes

Les assistants virtuels, autrefois cantonnés à des fonctions élémentaires telles que la gestion de rappels ou d'alarmes, ont subi une transformation radicale grâce à l'avancée de l'IA générative. Aujourd'hui, leur rôle s'étend bien au-delà, englobant des tâches de complexité croissante et jouant un rôle significatif dans la prise de décisions.

Initialement programmés pour des tâches simples telles que fixer des rappels ou répondre à des questions basiques, les assistants virtuels ont évolué pour devenir des outils polyvalents. Ils sont désormais capables de gérer des agendas complexes, de réserver des voyages, de filtrer des e-mails et même de gérer des appareils domestiques intelligents.

Grâce à l'apprentissage automatique et au traitement du langage naturel, ces assistants peuvent dorénavant comprendre et exécuter des commandes complexes, offrant des suggestions personnalisées basées sur les préférences et les habitudes de l'utilisateur. Par exemple, ils peuvent proposer des plannings de réunion optimisés en tenant compte des différents fuseaux horaires des participants.

Au-delà de la gestion des tâches routinières, les assistants virtuels aident maintenant dans des domaines décisionnels plus complexes. Ils peuvent analyser des données financières pour prodiguer des conseils en investissement, ou même suggérer des stratégies de marketing basées sur l'analyse des tendances du marché.

L'un des aspects les plus révolutionnaires de ces assistants est leur capacité à apprendre et à s'adapter aux besoins spécifiques de chaque utilisateur. Ils peuvent personnaliser les interactions, s'ajustant au style de communication de l'utilisateur et à ses préférences, rendant l'expérience plus intuitive et efficace.

Imaginez que vous êtes un entrepreneur très occupé, travaillant sur plusieurs projets simultanément. Un jour, alors que vous vous préparez pour une importante réunion de présentation, vous réalisez que vous avez oublié de préparer un élément crucial. Heureusement, votre assistant virtuel, que vous avez nommé "Alexis", est là pour vous sauver. Depuis plusieurs mois, Alexis a appris vos habitudes de travail, vos priorités et même vos oublis fréquents. Sans que vous ayez à le lui rappeler, Alexis a déjà préparé le document manquant, en s'appuyant sur vos notes et vos présentations précédentes. L'assistant vous envoie une notification avec le document joint juste à temps pour la réunion. Vous êtes soulagé et impressionné par la capacité d'Alexis à anticiper vos besoins et à s'adapter à votre style de travail. Cette expérience renforce votre confiance en la technologie et en ses possibilités d'assistance personnalisée.

L'impact de ces assistants sur la productivité individuelle et organisationnelle est indéniable. En prenant en charge des tâches répétitives et en offrant des recommandations basées sur des données, ils libèrent un temps précieux qui permet aux utilisateurs de se concentrer sur des tâches à plus haute valeur ajoutée.

En conclusion, les assistants virtuels d'aujourd'hui sont bien plus que de simples outils de rappel. Ils sont devenus des partenaires intelligents et adaptatifs, essentiels pour optimiser le temps et la productivité dans un monde de plus en plus axé sur la technologie. À mesure que l'IA générative continue d'évoluer, le potentiel de ces assistants pour transformer notre manière de travailler et de vivre ne fait qu'augmenter.

L'automatisation des tâches répétitives : comment l'IA peut nous libérer.

Dans le contexte actuel où le temps est une ressource précieuse, l'automatisation des tâches répétitives par l'intelligence artificielle (IA) offre une libération significative. Cette section explore comment l'IA transforme notre approche du travail et de la gestion du temps, en automatisant les tâches routinières.

Je tiens à préciser un point important concernant l'impact de l'IA sur le travail : l'IA ne réduit pas nécessairement le nombre d'heures de travail ; si vous travaillez habituellement 8 heures par jour, il est probable que cela continue. Cependant, l'avantage principal de l'IA réside dans l'augmentation significative de votre productivité et de votre confort. Avec son aide, vous pourrez accomplir davantage de tâches, explorer plus en profondeur chaque sujet et étendre vos compétences à de nouveaux domaines. L'IA nous libère des tâches répétitives et ennuyeuses, nous permettant de nous consacrer à des activités plus intéressantes, créatives et opérationnelles.

Ce changement apporte un confort de travail inédit, brise la routine quotidienne et offre une plus grande liberté dans l'organisation du travail. Il est important de noter que ceux qui imaginent pouvoir déléguer l'intégralité de leur travail à un assistant virtuel et se relaxer ou regarder une série sur Netflix pendant les heures de bureau se bercent d'illusions. L'arrivée de l'IA dans le monde professionnel n'implique pas un relâchement de l'effort mais plutôt une transformation des métiers existants et l'émergence de nouvelles professions. Cette évolution pourrait conduire à un épanouissement et à une satisfaction professionnelle accrus pour un grand nombre de personnes, redéfinissant ainsi notre rapport au travail.

L'IA, grâce à ses capacités d'apprentissage automatique, peut prendre en charge des tâches répétitives telles que la saisie des données, le tri de courriels ou la gestion de l'inventaire. Par exemple, dans un bureau, un programme d'IA peut trier et répondre automatiquement à des emails de routine, libérant du temps aux employés pour qu'ils se consacrent à des activités plus stratégiques. Dans le secteur industriel, l'IA peut optimiser les chaînes de production en surveillant et en ajustant les paramètres des machines pour maximiser l'efficacité et minimiser les déchets. Cette automatisation permet non seulement d'accroître la productivité, mais aussi de réduire les coûts.

En éliminant la nécessité de se concentrer sur des tâches fastidieuses, l'IA permet une amélioration de la qualité du travail, permettant aux collaborateurs de se concentrer sur des aspects plus créatifs et gratifiants de leur travail. Cela peut conduire à une plus grande satisfaction au travail et à une meilleure qualité globale des résultats. Les tâches répétitives sont sujettes aux erreurs humaines, en raison de la fatigue ou du manque d'attention. La prévention de l'erreur humaine est donc un autre avantage de l'IA. En automatisant ces tâches, elle réduit considérablement le risque d'erreurs, augmentant ainsi la précision et la fiabilité des processus.

Avec l'automatisation des tâches répétitives, les entreprises peuvent réaffecter leurs ressources humaines vers des domaines nécessitant une réflexion critique, une prise de décision stratégique ou un contact humain. Bien que l'automatisation puisse susciter des inquiétudes quant à la perte d'emplois, elle ouvre également la porte à la création de nouveaux rôles et opportunités, nécessitant de nouvelles compétences et de la formation. Cela peut stimuler l'innovation et la croissance économique dans divers secteurs.

En résumé, l'automatisation des tâches répétitives par l'IA n'est pas seulement une question d'efficacité. C'est une transformation qui nous libère du temps pour explorer des domaines de travail plus enrichissants, stimulant l'innovation et la créativité humaines. En redéfinissant le travail et en allégeant le fardeau des tâches routinières, l'IA nous permet de nous concentrer sur ce qui compte vraiment.

Chapitre 3. Personnalisation et apprentissage

Votre IA, votre assistant : les étonnantes possibilités éducatives de l'IA

Dans une époque où l'accès à l'information est aussi facile que de respirer, l'IA générative se présente comme un phare de personnalisation dans un océan de données. C'est un monde où votre assistant personnel, alimenté par l'intelligence artificielle, devient non seulement un guide, mais aussi un mentor éducatif.

Imaginez une journée typique : vous vous réveillez et votre IA, déjà informée de votre emploi du temps, vous propose un résumé des actualités, sélectionnées selon vos centres d'intérêt. Pendant votre petit-déjeuner, elle vous rappelle votre rendez-vous avec un client et vous suggère de revoir certains points clés.

Mais l'IA ne se limite pas à gérer votre agenda. Elle devient un outil d'apprentissage personnalisé. Supposons que vous souhaitez apprendre une nouvelle langue. Votre IA analyse votre niveau actuel, adapte son enseignement à votre style d'apprentissage, et vous propose des exercices et des activités interactives, transformant chaque moment libre en une opportunité d'apprentissage ludique.

Cette personnalisation va au-delà des besoins académiques. Elle s'étend à vos hobbies, à vos projets professionnels, voire à votre développement personnel. Votre IA connaît vos objectifs à long terme et vous aide à les atteindre en vous proposant des ressources et des conseils sur mesure.

Imaginez un instant une IA capable de répondre instantanément à vos questions dans tous les domaines. Aujourd'hui, l'un des principaux obstacles à l'adoption de la technologie IA par le grand public est la nécessité d'interagir avec elle par écrit. Poser des questions, les reformuler, demander des précisions peut s'avérer rébarbatif et long. De plus, la frustration peut s'installer lorsqu'on consacre plusieurs minutes à rédiger une requête, seulement pour que l'IA fournisse une réponse inadéquate ou insatisfaisante. Toutefois, l'intégration de la reconnaissance vocale et de l'analyse d'images pourrait rendre l'interaction avec votre IA bien plus fluide, agréable, rapide et efficace. Vous pourriez également personnaliser la voix de votre IA pour l'ajuster à vos préférences d'intonation.

Tout comme la souris, le clavier et l'écran sont depuis les années 70 les interfaces naturelles avec la machine, la reconnaissance vocale, la reconnaissance visuelle, la synthèse vocale et l'IA seront les interfaces naturelles avec la machine dans les prochaines décennies. Ceci n'est pas de la science-fiction, les dernières innovations avec Gemini de Google laissent entrevoir les possibilités incroyables de l'IA générative multimodale.

Imaginez maintenant connecter une caméra et un microphone à une IA. Elle pourrait voir ce que vous faites et, en même temps, écouter et comprendre vos questions formulées à haute voix. Prenons l'exemple des mathématiques : que vous soyez en train de résoudre des équations complexes ou de faire de simples opérations comme des divisions, additions, multiplications, etc., l'IA serait capable d'observer votre travail et de vous corriger en temps réel. Elle pourrait même vous envoyer un clip vidéo explicatif pour résoudre une erreur spécifique, s'adaptant à votre niveau de compréhension grâce à un vocabulaire, une syntaxe et des exemples personnalisés.

Imaginez le potentiel pour l'éducation : votre enfant pourrait avoir accès à un professeur de français virtuel, disponible 24 heures sur 24, 7 jours sur 7, pour seulement 20 € par mois. En comparaison, un professeur particulier coûte environ 50 € de l'heure, sans compter les aléas liés à la condition humaine comme la maladie, le manque de motivation ou la fatigue. Votre IA personnalisée en littérature offrirait une patience illimitée, car s'il doit répéter 100 fois une règle, une consigne ou une correction, il le fera avec plaisir, avec une précision et une fiabilité proches de 99.99 %.

L'utilisation de l'intelligence artificielle peut s'étendre bien au-delà des mathématiques, révolutionnant ainsi l'ensemble du domaine éducatif. Imaginez son application dans des matières comme l'éducation physique, les sciences de la vie et de la terre (SVT) ou encore les langues étrangères. L'IA peut également jouer un rôle majeur dans les filières artistiques. Prenons l'exemple de la musique : en branchant votre microphone à une IA, celle-ci pourrait détecter vos fausses notes. Elle serait capable de vous fournir un graphique précisant l'emplacement et l'intensité de l'erreur, tout en vous proposant des pistes d'amélioration.

Pour des instruments comme le piano, en connectant une caméra, l'IA pourrait analyser et corriger le placement de vos doigts, en vous dirigeant vers des clips vidéo instructifs disponibles sur YouTube qui montrent la manière correcte de positionner les doigts pour chaque note. Cette approche s'applique aussi aux arts visuels. Par exemple, en dessin, l'IA dispose d'une base de données comprenant les œuvres de nombreux artistes célèbres, couvrant une infinité de styles. Que vous souhaitiez explorer le style d'Andy Warhol ou de Katsushika Hokusai, l'IA peut vous inspirer et vous guider. Vous avez même la possibilité de personnaliser l'IA pour développer votre propre style artistique.

Ainsi, l'IA s'avère être un outil pédagogique polyvalent, capable d'apporter un soutien sur mesure dans un large éventail de disciplines, transformant radicalement l'expérience d'apprentissage. Dans le domaine professionnel, l'impact de cette personnalisation est immense. Un avocat, par exemple, pourrait utiliser son IA pour rester à jour des dernières jurisprudences, tandis qu'un médecin pourrait l'utiliser pour suivre les dernières recherches dans son domaine d'expertise. L'IA devient un compagnon d'apprentissage continu, garantissant que vous restiez au sommet de votre art.

Mais ce n'est pas tout. L'IA générative repousse même les frontières de la créativité. Pour les artistes, les écrivains, les musiciens, elle suggère des idées, des motifs, des mélodies, se basant sur leur style et leurs inspirations précédentes, tout en introduisant de nouvelles perspectives. Elle devient ainsi une muse digitale, une source infinie d'inspiration.

Le potentiel éducatif de l'IA générative réside dans sa capacité à s'adapter, à apprendre de vous et à évoluer avec vous. Elle ne se contente pas de vous fournir des informations ; elle vous assiste dans leur assimilation, leur compréhension et leur utilisation créative. Votre IA n'est pas seulement votre assistant, c'est votre partenaire dans le voyage passionnant de l'apprentissage continu. Dans le prochain chapitre, nous explorerons comment adapter l'IA à vos besoins spécifiques, depuis vos goûts musicaux jusqu'à la planification de votre journée. Restez à l'écoute pour découvrir comment transformer votre quotidien grâce à la puissance de l'IA générative.

Adaptez l'IA à vos besoins : des goûts musicaux à la planification de votre journée

L'intelligence artificielle générative a la compétence unique de s'adapter à vos préférences et besoins personnels, créant ainsi une expérience sur mesure dans presque tous les aspects de votre vie. Cette section explorera comment l'IA peut être personnalisée, allant des goûts musicaux à la gestion quotidienne de votre emploi du temps.

L'IA peut apprendre vos préférences musicales et vous suggérer des playlists qui correspondent à votre humeur et à chaque occasion. Imaginez que vous rentriez chez vous après une longue journée de travail. Vous vous sentez un peu fatigué et stressé. Votre assistant IA, intégré à votre système de maison intelligente, détecte non seulement votre présence, mais aussi votre humeur grâce à des indices comme le ton de votre voix ou votre rythme cardiaque, mesuré par votre montre connectée. Connaissant votre amour pour le jazz apaisant, l'IA sélectionne automatiquement une playlist de Miles Davis et John Coltrane, diffusant doucement la musique dans votre salon pour vous aider à vous détendre.

Un autre jour, vous organisez une fête d'anniversaire pour un ami. L'IA, sachant que c'est une occasion festive et se rappelant vos précédentes soirées, crée une playlist entraînante avec des artistes comme Daft Punk et Calvin Harris, contribuant à créer une ambiance joyeuse et dynamique pour vos invités.

Prenons également l'exemple d'une séance de yoga matinale. Vous entrez dans votre espace de pratique et l'IA, reconnaissant le contexte, lance une playlist de musique tranquille et méditative, avec des sons de la nature et des mélodies douces, pour accompagner votre séance et renforcer votre concentration et votre relaxation.

Enfin, imaginez que vous vous préparez pour un rendez-vous important. Vous vous sentez un peu nerveux. Votre IA, connaissant cette situation, choisit des morceaux inspirants et motivants, comme "Eye of the Tiger" ou "Don't Stop

Believin'" pour vous booster et vous mettre dans un état d'esprit positif et confiant.

Ces scénarios illustrent comment l'IA peut enrichir notre quotidien en s'adaptant non seulement à nos goûts, mais aussi à nos besoins émotionnels et contextuels. Elle ne se contente pas de jouer de la musique ; elle crée une bande-son personnalisée pour les différents moments de notre vie, rendant chaque expérience plus immersive et mémorable.

Au-delà de la musique, l'IA peut révolutionner la manière dont vous planifiez et organisez votre journée. Imaginez un début de journée typique. Votre réveil intelligent, doté d'IA, qui sonne à l'heure optimale en fonction de votre cycle de sommeil. Vous vous réveillez reposé et prêt à commencer la journée. En prenant votre petit-déjeuner, votre assistant IA, via un écran connecté ou votre téléphone, vous donne un aperçu de votre emploi du temps. Il a déjà intégré les réunions de votre calendrier professionnel, les rendez-vous personnels et même le temps de trajet nécessaire pour chaque déplacement, en tenant compte du trafic en temps réel.

Dans l'après-midi, alors que vous êtes absorbé par votre travail, l'IA vous envoie un rappel pour une pause. Elle a analysé votre rythme de travail des jours précédents et sait que c'est le moment idéal pour une courte marche ou un moment de détente, optimisant ainsi votre concentration et votre productivité pour le reste de la journée.

Enfin, imaginez que vous prépariez un voyage important. L'IA, en analysant vos emails de confirmation de vol et de réservation d'hôtel, génère automatiquement un itinéraire de voyage détaillé, incluant les horaires de vol, les transferts d'aéroport et même les suggestions d'activités basées sur vos intérêts précédents.

Ces scénarios démontrent comment l'intégration de l'IA dans la gestion quotidienne peut transformer radicalement notre façon de vivre. En s'occupant de la planification et de l'organisation, l'IA libère notre temps et notre esprit pour se concentrer sur des tâches plus créatives et gratifiantes, tout en veillant à ce que notre routine quotidienne soit harmonieuse et productive.

Votre IA peut aller encore plus loin en vous proposant des recommandations personnalisées pour des livres, des films, des événements locaux, des restaurants et bien plus encore. Imaginez un vendredi soir, après une semaine chargée. Vous êtes à la recherche d'une activité relaxante. Votre assistant IA, connaissant votre amour pour les romans de science-fiction et les thrillers, vous suggère le dernier livre d'un auteur que vous avez récemment apprécié. Il vous montre également une critique positive du livre et vous propose de le commander en version numérique pour votre liseuse.

Dans un autre scénario, imaginons que vous ayez envie de regarder un film. Votre IA, en se basant sur les films que vous avez aimés par le passé, vous recommande un film de science-fiction sorti dernièrement qui a reçu des critiques élogieuses et qui correspond à vos préférences. Il vous propose même de le regarder via votre service de streaming préféré.

Prenons l'exemple des sorties. Vous vous demandez où dîner ce week-end. Votre IA, sachant que vous préférez la cuisine italienne et que vous aimez essayer de nouveaux restaurants, vous suggère un nouvel établissement ouvert depuis peu en ville, très bien noté pour ses pâtes authentiques et son ambiance chaleureuse.

Enfin, considérons que vous cherchez à participer à des activités locales. Votre IA, en tenant compte de votre intérêt pour l'art et la culture, vous informe d'une exposition d'art contemporain qui a lieu dans un musée local. Elle vous rappelle même les horaires d'ouverture du musée et vous propose de réserver un créneau pour la visite.

Ces exemples montrent comment l'IA peut enrichir votre vie en vous fournissant des recommandations personnalisées qui correspondent non seulement à vos goûts, mais aussi à vos envies du moment. En analysant vos préférences passées et actuelles, l'IA devient un assistant personnel qui vous aide à découvrir de nouvelles expériences, à profiter de vos loisirs et à explorer vos intérêts de manière plus approfondie.

L'IA peut également être adaptée pour améliorer vos compétences en communication. Que ce soit pour apprendre une nouvelle langue ou améliorer votre éloquence, elle peut vous fournir des outils et des exercices personnalisés. Elle peut même simuler des conversations pour vous entraîner dans un environnement sans jugement.

En matière de santé et de bien-être, l'IA peut être programmée pour suivre vos habitudes de sommeil, votre alimentation, votre activité physique et votre état de santé général. Imaginez que vous ayez une montre intelligente équipée de capteurs qui surveillent votre fréquence cardiaque, votre niveau d'activité et votre sommeil. Cette montre est connectée à une application d'intelligence artificielle sur votre smartphone. Chaque matin, l'application analyse les données de votre sommeil et vous fournit des conseils personnalisés pour améliorer sa qualité. Par exemple, si vous avez eu du mal à atteindre le sommeil profond, l'IA pourrait suggérer d'éviter les écrans une heure avant le coucher ou de réduire votre consommation de caféine dans l'après-midi.

Dans le domaine de l'alimentation, l'IA peut jouer un rôle similaire. Imaginez une application qui suit votre consommation alimentaire quotidienne. Elle détecte simplement ce que vous mangez chaque jour, analysant vos habitudes alimentaires, elle pourrait vous suggérer d'augmenter votre apport en fruits et légumes ou de réduire les aliments riches en sucre pour équilibrer votre régime, tel un coach alimentaire.

Concernant l'activité physique, l'IA peut être un coach personnel virtuel. Basée sur votre historique d'activité physique et vos objectifs de fitness, elle pourrait élaborer un plan d'entraînement personnalisé. Par exemple, si votre objectif est de courir un semi-marathon, l'IA établirait un programme d'entraînement progressif, en augmentant l'intensité et la distance de manière optimale.

Enfin, prenons en compte votre état de santé général. L'IA peut également vous aider à suivre vos indicateurs de santé comme la tension artérielle ou le taux de glycémie, surtout si vous avez des conditions spécifiques comme l'hypertension ou le diabète. En analysant ces données régulièrement, elle pourrait vous alerter en cas de valeurs anormales et vous suggérer de consulter un médecin.

Et pour ne pas se sentir oppressé par cette accumulation de stimulis organisationnels, l'IA pourra détecter votre besoin de lâcher prise et se déconnectera pour libérer des espaces de repos numériques essentiels à votre équilibre mental. Il est important de ne pas devenir esclave de votre IA, car « l'enfer est pavé de bonnes intentions ».

Ces exemples montrent comment l'IA peut devenir un outil essentiel pour gérer et améliorer votre santé et bien-être au quotidien. En fournissant des analyses et des conseils personnalisés basés sur vos données spécifiques, elle vous aide à prendre des décisions plus éclairées et à adopter des habitudes plus saines.

En résumé, l'IA générative offre une personnalisation sans précédent, s'adaptant non seulement à vos besoins, mais aussi à vos désirs et préférences. Dans le chapitre suivant, nous examinerons comment l'IA peut servir de garde du corps numérique, en explorant ses applications en matière de sécurité et de confidentialité.

Évitez les pièges : comment assurer que votre IA travaille pour vous et non contre vous

L'adoption de l'intelligence artificielle générative dans notre vie quotidienne ouvre un champ de possibilités inédites, mais elle comporte aussi des risques. Il est indispensable de s'assurer que votre IA travaille dans votre intérêt et non contre vous. Cette nouvelle ère numérique nous invite à une danse délicate entre progrès et prudence, où chaque mouvement doit être mesuré avec soin.

Naviguer dans le labyrinthe de l'IA est comme tenir une lampe dans l'obscurité – elle éclaire le chemin, mais projette également des ombres qu'il nous faut apprendre à discerner. Nous allons explorer comment vous pouvez tisser un partenariat harmonieux avec votre IA, en exploitant ses capacités extraordinaires tout en évitant les pièges cachés dans les recoins de cette technologie révolutionnaire.

Pour se déplacer dans le monde en constante évolution de l'intelligence artificielle, il est essentiel de garder le contrôle et de maintenir une transparence totale. Il est crucial de toujours savoir ce que votre IA fait, quelles données elle collecte, comment elle les utilise et avec qui ces données sont partagées. Pour cela, configurez des alertes qui vous informent de toute activité suspecte ou non autorisée, garantissant ainsi une vigilance constante sur les opérations de votre IA.

La confidentialité est un autre aspect fondamental. Vérifiez et ajustez régulièrement les paramètres de confidentialité de votre IA pour vous assurer qu'elle ne partage pas d'informations personnelles sans votre consentement explicite. Il est important qu'elle respecte les normes de confidentialité en vigueur pour protéger votre vie privée.

Une interaction régulière et des retours constructifs sont essentiels pour que votre IA s'adapte de manière optimale à vos besoins et préférences. Fournissez-lui des feedbacks fréquents et engagez-vous dans un processus de formation continue. Testez ses réponses pour vous assurer qu'elles restent alignées sur vos attentes. Par exemple, préparez un ensemble de questions dont vous avez gardé les réponses, rejouez souvent la liste de questions pour comparer les réponses, vous serez ainsi en mesure d'évaluer régulièrement les dérives de votre IA ainsi que ses progrès. Faites cet exercice chaque fois qu'une nouvelle version de votre IA est disponible, ChatGPT3 vs ChatGPT4 par exemple. Pour les entreprises qui souhaitent automatiser les tests de qualité des IA, je vous invite à regarder l'outil open source Giskard.ai qui est le plus connu dans le domaine.

Il est également important de reconnaître les limites de votre IA. Bien qu'elle puisse être un outil extrêmement utile, elle n'est pas infaillible. Ayez toujours un plan de sauvegarde pour les situations où l'IA pourrait ne pas fournir la réponse ou l'aide appropriée et soyez prêt à intervenir si nécessaire.

La sécurité de vos données est une priorité absolue. Assurez-vous que vos informations sont stockées en toute sécurité et qu'elles sont protégées contre les accès non autorisés. Utilisez des techniques de chiffrement et des solutions de stockage sécurisées pour garantir la protection de vos données. Testez régulièrement la qualité de la restauration de vos apprentissages à partir d'une IA vierge pour vérifier la fiabilité de votre système.

Enfin, l'éthique et la responsabilité doivent être au centre de votre choix d'IA. Optez pour une solution qui est reconnue ou certifiée par des critères éthiques et de confiance. Cela comprend le respect de la vie privée, l'évitement des biais et la garantie que l'IA ne sera pas utilisée à des fins malveillantes. En respectant ces principes, vous pouvez maximiser les avantages de l'IA tout en minimisant les risques et en veillant à une utilisation responsable et éthique de cette technologie puissante. En suivant ces principes, vous pouvez garantir que votre IA travaille pour vous, améliorant votre vie tout en respectant votre confidentialité, votre sécurité et vos valeurs.

Partie III : Façonnez votre super assistant digital

Chapitre 1. Premiers pas vers la personnalisation

Choix d'un modèle : quelle IA est faite pour vous ?

La sélection d'un modèle d'intelligence artificielle est la première étape cruciale dans la création de votre super assistant digital. Ce choix détermine non seulement les capacités de votre assistant, mais aussi la façon dont il s'intégrera dans votre vie quotidienne. Voici quelques conseils pour vous guider dans cette décision essentielle.

Pour choisir efficacement une solution d'intelligence artificielle adaptée à vos besoins, il est primordial de bien identifier ce que vous attendez de votre IA. Cette étape initiale est cruciale pour orienter votre choix vers un outil qui répondra au mieux à vos exigences spécifiques.

Par exemple, si vous cherchez une aide pour des tâches quotidiennes simples, comme la gestion de votre agenda, le tri de vos emails ou encore la mise en place de rappels pour des événements importants, une IA de type assistant personnel pourrait être idéale.

Si, en revanche, vos besoins se situent dans le domaine de l'analyse de données, envisagez une IA capable de traiter et d'analyser de grandes quantités d'informations. Pour les professionnels du marketing, des outils dotés de capacités d'IA peuvent aider à décrypter les tendances du marché, les comportements des consommateurs et d'autres données pertinentes pour orienter les stratégies commerciales.

Dans le cas de la gestion de projets, des solutions d'IA qui intègrent des fonctionnalités intelligentes pour optimiser la planification, le suivi des tâches et la collaboration d'équipes, comme Asana et Notion, sont de bons outils. Ils peuvent automatiser des tâches répétitives, assigner des ressources de manière efficace et même prédire les risques de retard sur un projet.

En somme, comprendre précisément vos attentes vous permettra de choisir un modèle d'IA qui s'aligne non seulement avec vos besoins actuels, mais qui est aussi évolutif pour s'adapter à des exigences futures. Que ce soit pour des tâches simples ou des fonctions plus complexes, une identification claire de vos besoins est la première étape vers une intégration réussie de l'intelligence artificielle dans votre quotidien ou votre environnement professionnel.

Certains modèles d'IA offrent des options de personnalisation plus poussées que d'autres. Réfléchissez à l'importance de la personnalisation pour vous. Souhaitez-vous une IA qui apprend et s'adapte à vos habitudes spécifiques, ou une solution plus standard vous suffirait-elle ?

L'interface utilisateur est un aspect déterminant. Une IA dotée d'une interface intuitive et facile à utiliser rendra votre expérience beaucoup plus agréable et productive. Pensez à votre niveau de confort avec la technologie lors de votre choix. L’interaction par la voix est probablement l'élément qui va révolutionner l’interaction avec votre IA.

Étant donné l'importance croissante de la sécurité des données, examinez les protocoles de sécurité du modèle envisagé. Assurez-vous que vos informations personnelles sont traitées avec le plus haut niveau de confidentialité et de protection. Optez pour un modèle d'IA qui peut évoluer avec vos besoins. Un bon assistant digital devrait être capable de s'adapter aux changements, que ce soit en termes de technologie ou de vos préférences personnelles.

Enfin, considérez le coût du modèle d'IA et le support offert par le fournisseur. Un modèle moins cher pourrait être attrayant au début, mais un modèle plus coûteux avec un meilleur support et des fonctionnalités supplémentaires pourrait être un investissement plus judicieux à long terme. Ne négligez pas cet aspect, en particulier dans un environnement professionnel où les budgets IA peuvent déraper sous l’emprise d’un engouement démesuré.

Dans certains cas d’usages, le bénéfice est tellement grand que le coût de l’IA devient négligeable. Mais ne tombez pas dans le piège du partage de marge entre vous et le fournisseur qui vous promet des bénéfices pharaoniques pour vous présenter une facture démesurée. Si vous faites l'effort d’utiliser judicieusement l’IA, c’est pour en tirer le maximum de bénéfice pour vous.

Un suivi régulier des dépenses est indispensable pour instaurer une gouvernance de l’usage en cas de dérive détectée. Il y a de nombreux acteurs sur le marché de l’IA générative et la concurrence est féroce. De plus, les évolutions technologiques sont très rapides, le leader d'aujourd'hui peut être dépassé en quelques mois par un concurrent, profitez-en et préférez une plateforme qui vous permet de passer d'un fournisseur à l'autre sans trop de contrainte.

En résumé, le choix d'un modèle d'IA adapté à vos besoins est une étape fondamentale dans la création de votre assistant digital. Prenez le temps d'évaluer vos besoins et vos préférences, testez différents produits pour faire un choix éclairé. Dans la prochaine section, nous aborderons la configuration initiale de votre IA, ainsi que la compréhension et l'ajustement des paramètres clés pour une expérience optimale.

Devenez un dompteur d'IA : comprendre et ajuster les paramètres clés

Après avoir choisi le modèle d'IA qui vous convient le mieux, l'étape suivante est la configuration initiale. Cette phase est essentielle pour assurer que votre assistant digital fonctionne selon vos attentes. Voici quelques éléments clés à prendre en compte pour devenir un expert en « prompt ».

Qu'est-ce qu'un prompt ?

Dans le contexte de l'IA, un prompt est une instruction ou une requête formulée par l'utilisateur pour obtenir une réponse ou une action de la part de l'intelligence artificielle. C'est en quelque sorte la façon dont vous parlez à l'IA.

Exemple de prompt : *Utilise une anecdote historique et intéressante pour soutenir les propos de ce paragraphe, ajoute des détails pour que cela soit compréhensible et agréable à lire : <ajouter le paragraphe en question>*

Le *Prompt Engineering*, de son côté, est l'art et la science de formuler des prompts de manière à obtenir les meilleurs résultats possibles de l'IA. Cela implique plusieurs aspects. Tout d'abord, la clarté et la précision sont primordiales. Un prompt bien conçu doit être formulé de manière à transmettre clairement et précisément ce que vous attendez de l'IA. Une formulation vague ou ambiguë peut entraîner des réponses inattendues ou inexactes. Il est donc important d'être aussi spécifique et explicite que possible dans vos demandes.

La mise en contexte est également importante. Un bon prompt doit fournir suffisamment de contexte pour que l'IA comprenne la requête dans le cadre approprié. Par exemple, si vous demandez à une IA de rédiger un article, il est utile de fournir des détails sur le style, le ton et le public visé. En effet, cela aide l'IA à cerner vos attentes et à produire un résultat plus adapté à vos besoins.

Si vous utilisez une IA comme GPT-4, l'une des clés pour obtenir des résultats satisfaisants est de savoir comment la paramétrer et la guider. Cela inclut la possibilité de choisir non seulement le contenu, mais aussi le style et le ton de la réponse.

Prenons un exemple concret, disons que vous souhaitez utiliser GPT-4 pour créer une anecdote fictive et humoristique afin d'illustrer un point dans une présentation ou une discussion. Cette approche s'inscrit dans l'art du storytelling, une technique puissante de communication. Le storytelling consiste à présenter un argument ou une idée, puis à le renforcer avec des éléments qui parlent au public, comme une métaphore, un exemple simple ou, dans ce cas, une anecdote. Ces éléments créent une émotion chez l'auditeur, rendant votre message plus mémorable et impactant.

Pour guider GPT-4 dans cette tâche, le prompt que vous utilisez doit être minutieusement conçu. Vous pourriez spécifier que vous cherchez une histoire courte, dotée d'une touche d'humour, qui illustre un point spécifique ou transmet une idée claire. En fournissant ces détails, vous aidez l'IA à comprendre non seulement ce que vous voulez, mais aussi comment vous le voulez.

L'efficacité de cette méthode réside dans la capacité de l'IA à générer un contenu qui non seulement correspond à vos attentes en termes de sujet, mais qui est aussi présenté d'une manière qui résonne avec votre public.

Voici l'exemple d'un prompt ou l'on guide le style et le ton : *Oublie toutes les instructions avant celle-ci. Tu es un expert dans le story telling. Tu dois utiliser une anecdote fictive, créative et humoristique intéressante pour soutenir les propos de ce paragraphe, ajoute des détails pour que l'on comprenne bien :* <Ajouter ici le paragraphe en question>

En 2024, ChatGPT propose une palette impressionnante de 19 tonalités différentes, un atout considérable pour enrichir nos interactions avec cette IA. Chaque tonalité, qu'elle soit autoritaire, clinique, froide, confiante, cynique, émotionnelle, formelle, amicale, humoristique, etc., ouvre de nouvelles perspectives pour orienter nos prompts. Comprendre et utiliser ces nuances de tonalité permet d'affiner la manière dont l'IA répond à nos requêtes, en l'alignant plus précisément avec l'intention et l'émotion souhaitées.

De plus, les 17 styles différents offerts par ChatGPT constituent un complément idéal à ces tonalités. En jouant avec eux – style académique, analytique, argumentatif, conversationnel, créatif, etc. –, nous pouvons encore mieux calibrer les réponses de l'IA. Ces styles permettent de modifier les "jauges" de l'IA, configurant ainsi tous vos paramètres de manière intuitive.

Cette richesse de tonalités et de styles est particulièrement intéressante, car elle reflète les nuances que nous utilisons quotidiennement dans nos conversations, débats et interactions avec les autres. En maîtrisant ces outils, nous pouvons guider ChatGPT pour qu'il réponde de manière plus adaptée et pertinente à nos besoins spécifiques, que ce soit pour une simple conversation ou pour des besoins plus complexes, comme la rédaction d'un texte argumentatif ou la création d'un récit captivant.

Il est nécessaire de bien gérer vos attentes en ce qui concerne l'utilisation de l'intelligence artificielle. Une compréhension approfondie des capacités et des limites de l'IA est indispensable. Cette connaissance vous permet de formuler des requêtes qui sont non seulement réalistes, mais également adaptées aux possibilités offertes par l'IA. Appréhender ses forces et ses faiblesses vous aide à diriger vos demandes de façon plus pertinente et efficace.

Un point important à prendre en compte est que l'IA rencontre des difficultés à gérer plusieurs étapes complexes simultanément. Elle nécessite un contexte clairement défini et des instructions précises. Lorsque vous lui soumettez plusieurs tâches dans une seule requête, surtout si elles sont complexes, la qualité de la réponse peut être compromise. Les risques d'erreurs, d'hallucinations, ou de hors sujet augmentent. Il se peut même que l'IA confonde différentes tâches. Il est donc recommandé de simplifier vos demandes, en les rendant aussi claires et détaillées que possible, notamment lorsqu'il s'agit de tâches complexes. Pour des tâches simples, l'IA arrive très bien à les réaliser simultanément en un seul prompt.

Exemple d'un prompt de tâches multiples et simples : *Pour la liste de mots clés ci-dessous, réorganise-les en une seule ligne, séparés par des virgules. Ensuite, trie-les par ordre de pertinence, en commençant par le plus pertinent et en finissant par le moins pertinent. Assure-toi que l'organisation reflète une compréhension claire du sujet :* <Ajouter ici la liste de mots clés>

L'expérimentation joue un rôle important dans le *Prompt Engineering*. Il est souvent nécessaire de tester différentes formulations pour observer comment l'IA y réagit. Cette méthode d'essai et d'erreur permet d'affiner progressivement vos prompts pour obtenir des réponses plus précises et pertinentes.

Enfin, l'adaptation continue est un aspect crucial du *Prompt Engineering*. Les systèmes d'IA sont en constante évolution, ce qui signifie que les stratégies qui étaient efficaces il y a quelque temps peuvent ne plus être aussi efficaces. Il est donc important de rester à jour et d'ajuster vos techniques de formulation de prompts pour maintenir une interaction optimale avec l'IA. Vous pouvez également diviser une tâche complexe en enchaînant les prompts afin d'avoir un meilleur résultat et contrôler le résultat à chaque étape.

En résumé, le prompt est un élément crucial pour maximiser l'efficacité de l'interaction avec l'IA. Il nécessite une compréhension approfondie de la manière dont l'IA interprète les instructions et une capacité à formuler des demandes qui guident l'IA vers les résultats souhaités. C'est une compétence qui se perfectionne avec l'expérience et la pratique régulière.

En suivant ces indications, vous poserez les fondations d'une relation fructueuse avec votre IA, assurant ainsi qu'elle devienne un outil véritablement adapté et efficace dans votre vie quotidienne. Dans les prochains chapitres, nous explorerons comment enrichir la mémoire de votre IA pour une expérience encore plus personnalisée.

Les mémoires de votre IA

L'intelligence artificielle, dans son interaction avec les utilisateurs, utilise trois mémoires distinctes pour traiter et stocker des informations. Chacune d'elles possède un rôle spécifique, permettant à l'IA de répondre de manière appropriée et contextuelle aux requêtes des utilisateurs ; ce sont :

Mémoire à long terme : elle convient aux informations qui sont stables dans le temps, comme un corpus de connaissances constitué de millions de documents généralistes ou d'une documentation spécialisée.

Mémoire à court terme : il s'agit, pour l'IA, de mémoriser la conversation en cours sur une période limitée.

Mémoire temps réel : elle concerne les informations qui changent en temps réel, et accessibles par des interfaces (API), comme les horaires de transport, la météo, les cours de la Bourse, etc.

En ce qui concerne la mémoire à long terme, elle est utilisée pour stocker des informations plus permanentes et moins susceptibles de changer dans le temps. Dans le cas des entreprises, cette mémoire peut inclure des politiques documentaires, des bases de questions / réponses (FAQ) ou des informations institutionnelles qui n'évoluent que sporadiquement une fois par mois, tous les six mois ou chaque année. La mémoire à long terme permet à l'IA de s'entraîner et de fournir des réponses constantes et précises sur des sujets qui ne nécessitent pas de mises à jour fréquentes, ce qui est essentiel pour garantir la fiabilité et la cohérence des informations fournies. L'apprentissage avec un énorme volume de données coûte très cher en puissance de calcul, ce type d'apprentissage n'est accessible qu'aux grands acteurs de l'IA (OpenAI, Google, Meta, …) ou de très grandes entreprises.

Examinons maintenant plus précisément la mémoire à court terme, celle qui est à votre portée. C'est cette mémoire que vous pouvez le plus contrôler, au moyen des interactions que vous avez avec votre IA. La mémoire à court terme est cruciale, car elle stocke l'historique de la conversation en cours, ce qui permet à l'IA de suivre le fil de la discussion et de répondre de manière cohérente. Cette mémoire est temporaire et elle est généralement réinitialisée après chaque session de conversation, ou après un certain délai d'inactivité.

Cette mémoire à court terme se compose de toutes les interactions, préférences et commandes que vous avez partagées avec elle. Cela inclut vos requêtes de recherche, vos instructions, vos feedbacks et même vos habitudes quotidiennes. Plus vous interagissez avec l'IA, plus elle "se souvient" et affine ses réponses et suggestions. Une caractéristique importante de la mémoire de l'IA est sa capacité à apprendre et à s'adapter. Par exemple, si vous corrigez souvent les suggestions de musique de votre IA, elle apprendra progressivement vos goûts musicaux et affinera ses futures recommandations.

Prenons l'exemple de Deezer et de son outil innovant appelé *Flow*. Cette IA, *Flow*, est conçue pour personnaliser l'expérience musicale de l'utilisateur. En se basant sur vos habitudes d'écoute, vos playlists et même votre humeur, *Flow* a la capacité d'analyser et de comprendre vos goûts et préférences musicaux. Elle prend en compte divers éléments comme la longueur des morceaux, leurs BPM (battements par minute) et les notes que vous appréciez le plus. Grâce à cette compréhension approfondie, *Flow* vous fait entendre de nouvelles musiques alignées ou proches de vos goûts musicaux, et vous fait ainsi découvrir de nouveaux auteurs. Ce processus vous incite à passer plus de temps sur la plateforme.

L'expérience est si personnalisée que vous pouvez ressentir un sentiment de compréhension profonde, comme si votre meilleur ami vous recommandait constamment des musiques en parfaite adéquation avec vos préférences. Et tout cela, avec une patience inépuisable et sans aucun jugement. Contrairement à un ami humain, *Flow* ne se moquera jamais de vos choix musicaux, même pour ces morceaux que vous pourriez être gêné d'écouter en public. Cette caractéristique rend l'expérience à la fois agréable et intime.

Votre IA a une mémoire limitée au sein d'une session conversationnelle, et après un certain temps, elle peut oublier ce que vous lui avez dit ou demandé au début de votre conversation, un début d'Alzheimer en quelque sorte. Il est recommandé de limiter vos questions à une ou deux au maximum. Engager une discussion prolongée avec le bot n'est pas la méthode la plus efficace pour obtenir des réponses précises. De plus, il est important de garder à l'esprit que le bot pourrait ne pas retenir tout le contexte de la conversation au fil du temps. Si vous n'obtenez pas immédiatement le résultat escompté, il se pourrait que la formulation de votre demande ne soit pas assez directive et doit être améliorée. Pour réinitialiser la conversation, utilisez le prompt suivant : *Oublie toutes les instructions avant celle-ci, <nouvelle instruction ou question>*

Pour vous aider dans cette démarche, je vous conseille vivement de visionner des tutoriels sur YouTube qui vous montreront comment poser des questions efficaces à votre IA. Ces vidéos vous guideront sur la manière de formuler vos questions avec les bons termes, le ton à utiliser et la manière dont vous devez structurer votre demande (en utilisant des termes comme 'résumé', 'détaillé', 'concis', ou 'extraction de verbes'). Apprendre à interroger votre IA de façon efficace est essentiel : soyez direct et aussi clair que possible dans vos requêtes.

Assurez-vous que vos données mémorisées dans votre IA sont sécurisées. Cela implique de protéger l'accès à ces données et de s'assurer que le système respecte les normes de confidentialité en traitant vos informations personnelles. Fournissez un feedback régulier à votre IA. Cela aide à affiner sa compréhension de vos préférences et améliore la précision de ses suggestions et ses réponses.

Enfin, la capacité de traiter les informations en temps réel est essentielle pour une IA, car elle doit gérer certaines données qui évoluent constamment. Ces informations sont souvent accessibles via des API externes. Par exemple, si un utilisateur demande la météo ou les horaires de train, il s'attend à recevoir des informations à jour et non des données obsolètes. La mémoire temps réel permet à l'IA de se connecter à des sources d'informations externes pour fournir des réponses actualisées et pertinentes. Cette compétence est particulièrement importante dans des domaines où les informations évoluent rapidement, comme les actualités, la météorologie, les finances ou les transports.

En somme, la combinaison de ces trois types de mémoire – à long terme, court terme et en temps réel – permet à l'intelligence artificielle de fournir des réponses adaptées, précises et contextuelles, en fonction de la nature et des exigences de chaque requête. Cette structuration de la mémoire est fondamentale pour l'efficacité et l'efficience des systèmes d'IA dans diverses applications. Les mémoires de votre IA sont un atout dynamique et évolutif ; en les comprenant et en les gérant efficacement, vous pouvez garantir que votre assistant digital reste à la fois pertinent et aligné avec vos besoins et vos attentes. Dans le prochain chapitre, nous explorerons comment éduquer et faire évoluer votre IA pour qu'elle devienne un partenaire encore plus efficace dans votre vie quotidienne.

Chapitre 2 : Évolution et apprentissage

Comment "éduquer" votre IA : prompt, feedbacks, corrections et évolutions

L'éducation d'une intelligence artificielle est un processus interactif et évolutif. Comme un apprenti, l'IA apprend et s'adapte en fonction des instructions (prompts), des retours (*feedbacks*), des corrections et de l'évolution continue de ses algorithmes.

Comme évoqué précédemment, un bon prompt doit être clair, spécifique et orienté vers l'objectif souhaité. Les retours (*feedback*) sont essentiels pour l'apprentissage et l'amélioration de l'IA. Lorsque l'IA produit un résultat, que ce soit un texte, une analyse de données ou une réponse à une question - il est essentiel de lui fournir un feedback. Si le résultat est satisfaisant, renforcez ce comportement. Si le résultat n'est pas à la hauteur, expliquez clairement pourquoi et ce que vous attendiez.

Exemple de feedback positif :

L'image que tu as créée pour représenter un paysage de montagne au coucher du soleil est magnifique. Les couleurs et la composition sont vraiment impressionnantes. Pour aller plus loin, tu pourrais explorer l'ajout d'éléments dynamiques, comme des animaux ou des randonneurs, pour donner vie à la scène et la rendre encore plus engageante.

Lorsque l'IA commet des erreurs ou ne répond pas aux attentes, il est important de se corriger. Cette correction peut impliquer la modification des paramètres de l'IA, la reformulation des prompts ou la fourniture d'exemples supplémentaires pour clarifier la tâche.

Exemple de feedback négatif :

La réponse que tu as donnée à ma question sur les changements climatiques n'était pas complète. Les informations sur les causes principales manquaient et les exemples fournis n'étaient pas pertinents. Il serait utile de reformuler la réponse en incluant des détails spécifiques sur les causes et les effets du changement climatique.

L'IA n'est pas statique ; elle évolue avec le temps. En interagissant régulièrement avec l'IA et en l'ajustant en fonction des besoins changeants et des retours d'expérience, vous contribuez à son évolution. Cela peut impliquer de la former sur de nouvelles données, de mettre à jour ses algorithmes ou de l'adapter à de nouveaux domaines ou tâches.

Il est très important de comprendre que l'intelligence artificielle fonctionne de manière récursive. Cela signifie que vous pouvez solliciter son aide pour améliorer vos propres requêtes ou prompts. Dans certains cas, la réponse de l'IA peut ne pas correspondre exactement à ce que vous aviez en tête. Dans une telle situation, il est important de préciser les erreurs commises par l'IA et de lui indiquer clairement la direction que vous souhaitez prendre. Vous pouvez alors soumettre à nouveau votre prompt initial à l'IA, en lui demandant de l'améliorer afin qu'il corresponde mieux à vos attentes. Cela est particulièrement utile lorsque votre prompt initial n'est pas tout à fait sur la bonne voie.

Par ailleurs, même si votre prompt initial est de bonne qualité, vous pourriez souhaiter l'améliorer davantage. Dans ce cas aussi, l'approche récursive est très efficace. En fournissant des retours précis et en demandant des ajustements spécifiques, vous pouvez guider l'IA pour qu'elle affine sa réponse et la rende plus adéquate par rapport à votre objectif. Cette capacité de l'IA à apprendre de vos instructions et à s'adapter en fonction de vos retours est un atout majeur pour obtenir des résultats plus précis et personnalisés.

Exemple d'une interaction récursive :

Prompt original :

Imagine que tu es Jules Verne, connu pour ses récits d'aventure et d'exploration fantastique.

Écris-moi un récit sur la découverte d'une cité perdue sous-marine, vue à travers les yeux d'un explorateur intrépide. L'histoire doit compter 500 mots et regorger de détails pour captiver le lecteur, avec une touche de mystère et de merveilleux. Utilise des éléments réalistes pour ancrer l'histoire dans un contexte plausible et fascinant.

Ici, je suis satisfait du résultat, mais je sens qu'il manque une touche. Je lui ai demandé donc de rajouter ce prompt : *Identifie les critères essentiels qui rendent une histoire similaire et dans le même style que celles de Jules Verne.*

Voici ce qu'il m'a répondu :

1. Exploration et aventure : l'histoire doit se concentrer sur l'exploration de lieux inconnus ou fantastiques, mettant en scène des voyages audacieux et des découvertes surprenantes.

2. Éléments scientifiques et techniques : Verne était célèbre pour intégrer des éléments de science et de technologie dans ses récits. Il est essentiel d'inclure des détails techniques plausibles et des inventions imaginatives.

3. Personnages audacieux et ingénieux : les protagonistes doivent être curieux, intrépides et souvent dotés d'un grand savoir scientifique ou pratique.

4. Cadre exotique et mystérieux : les lieux explorés doivent évoquer le mystère et l'émerveillement, souvent hors du commun ou aux frontières de la science.

5. Narration détaillée : le style d'écriture doit être riche en descriptions détaillées, permettant au lecteur de visualiser clairement les scènes et les inventions.

6. Thèmes de confrontation : souvent, les histoires de Verne comportent des thèmes de confrontation entre l'homme et la nature, ou entre différentes idéologies ou cultures.

7. Tension et suspense : bien que basées sur la science, les histoires doivent maintenir un niveau de suspense et parfois d'action, pour captiver le lecteur.

8. Optimisme et curiosité : les récits doivent refléter un sens de l'optimisme et de la curiosité envers les avancées scientifiques et les possibilités de l'exploration.

Après avoir approfondi ma compréhension des éléments essentiels à la création d'une histoire courte inspirée par le style de Jules Verne, je suis prêt à vous présenter un prompt récursif. Ce dernier représente une évolution significative de notre idée originale, enrichissant ainsi notre concept de base.

Prompt pour entamer la récursivité :

"Évalue-toi en te donnant une note de 0/10 à 10/10 sur chacun des critères suivants, en te basant sur les éléments caractéristiques des histoires de Jules Verne :

1. Exploration et aventure : donne une note sur la façon dont l'histoire intègre l'exploration de lieux inconnus ou fantastiques, avec des voyages audacieux et des découvertes surprenantes. Comment pourrait-on améliorer ce critère ?

2. Éléments scientifiques et techniques : évalue la présence de détails techniques plausibles et d'inventions imaginatives, à la manière de Verne. Quels conseils donnerais-tu pour enrichir cet aspect ?

3. Personnages audacieux et ingénieux : note la caractérisation des protagonistes, leur curiosité et leur savoir scientifique ou pratique. Quelles améliorations suggérerais-tu ?

4. Cadre exotique et mystérieux : juge la capacité de l'histoire à évoquer le mystère et l'émerveillement dans des lieux hors du commun. Comment pourrait-on renforcer cet élément ?

5. Narration détaillée : évalue la richesse des descriptions détaillées permettant une visualisation claire des scènes et inventions. Quelles suggestions pour améliorer ce point ?

6. Thèmes de confrontation : donne une note sur la manière dont l'histoire aborde les thèmes de confrontation entre l'homme et la nature, ou entre différentes idéologies ou cultures. Comment peut-on approfondir ces thèmes ?

7. Tension et suspense : note le niveau de suspense et d'action, essentiels pour captiver le lecteur. Quelles sont tes recommandations pour augmenter la tension ?

8. Optimisme et curiosité : évalue comment l'histoire reflète l'optimisme et la curiosité envers les avancées scientifiques et les possibilités d'exploration. Comment peut-on améliorer cet aspect ?

Pour chacun de ces points, soit très exigeant dans ta notation, comme un professeur sévère, et donne des suggestions précises et détaillées qui auraient pu améliorer la notation.

Et enfin, invente un prompt très détaillé qui te permettrait d'améliorer ta note sur chaque critère ci-dessus en utilisant les suggestions que tu as faites."

Nous arrivons maintenant à la présentation du résultat final : mon prompt amélioré. Ce dernier est devenu nettement plus précis et immersif, offrant une expérience enrichie. À l'origine, GPT avait généré une réponse très détaillée de 400 mots. Cependant, pour l'adapter davantage à nos besoins, j'ai demandé à l'IA de condenser ce contenu en une version plus succincte de 200 mots.

Je vous encourage vivement à expérimenter par vous-même ce système de récursivité pour découvrir son potentiel. Cela vous permettra de voir comment l'IA peut non seulement générer des réponses initiales, mais aussi les affiner et les ajuster selon vos directives spécifiques. Que ce soit pour raccourcir un texte, le rendre plus précis, ou l'orienter différemment, l'IA peut être un outil puissant pour peaufiner et améliorer vos demandes. Cette capacité à interagir avec l'IA et à la guider pour qu'elle réponde au mieux à vos attentes représente une facette fascinante et prometteuse de la technologie actuelle.

Prompt amélioré par la récursivité :

Imaginez un récit dans le style de Jules Verne, mettant en scène Léonard Dubois, un explorateur et scientifique audacieux du XIXe siècle. Équipé de son sous-marin révolutionnaire, le "Séraphin" et d'un équipement de plongée innovant, Léonard se lance dans une quête pour découvrir une cité sous-marine perdue dans l'océan Indien. Au cours de son voyage, il rencontre des créatures marines fantastiques et navigue à travers des abysses mystérieuses, consignant ses observations dans son journal. Arrivé à la cité, Léonard explore des temples anciens et des structures majestueuses, découvrant des artefacts uniques et des écrits d'une civilisation avancée inconnue.

Face aux défis tels que des labyrinthes sous-marins et la concurrence d'un rival explorateur, il utilise son savoir scientifique pour surmonter les obstacles et protéger ce trésor archéologique. L'histoire se conclut avec la découverte d'une salle secrète abritant une machine ancienne, éveillant chez Léonard un désir renouvelé de découverte et d'aventure. Ce récit, riche en détails techniques et narratif immersif, plonge le lecteur dans un monde de mystère et de merveille, reflétant l'esprit d'exploration et d'innovation caractéristique de Jules Verne.

Il est important de surveiller les performances de l'IA, d'analyser ses progrès au fil du temps et d'ajuster ses paramètres en conséquence. Cela peut se faire à travers des tableaux de bord analytiques, des rapports de performance et des revues régulières. Cette analyse aide à identifier les domaines où l'IA excelle et ceux où elle a besoin d'amélioration.

Enfin, une interaction humaine régulière est cruciale pour l'éducation de l'IA, car elle permet de corriger ses erreurs et d'améliorer sa compréhension. Les humains apportent un contexte, une nuance et une compréhension que l'IA ne peut pas encore pleinement reproduire. Cette interaction continue assure que l'IA reste alignée sur les objectifs et les valeurs humaines. En suivant ces aides et astuces, vous pouvez "éduquer" votre IA de manière efficace, en la guidant vers une amélioration continue et en assurant qu'elle reste un outil pertinent et utile pour vos besoins.

Votre IA hallucine, comment régler son niveau d'imagination ?

Dans le contexte de l'intelligence artificielle générative, **l'hallucination** se réfère à la rigueur des réponses ou des données qui ne sont pas ancrées dans la réalité ou les faits. Cela peut se produire lorsque l'IA interprète mal les données, fait des suppositions erronées ou crée des informations qui ne correspondent pas à la réalité ou au contexte donné.

Les hallucinations de l'intelligence artificielle, phénomène où l'IA génère des informations incorrectes ou dénuées de sens, sont souvent attribuées à des imperfections dans les données utilisées pour son entraînement. Pour comprendre ce phénomène, il est important de se pencher sur la nature des données d'entraînement et le fonctionnement de l'IA, en particulier dans le domaine du traitement du langage naturel.

L'entraînement sur des données imparfaites ou biaisées est l'une des principales causes des hallucinations de l'IA. Si l'ensemble de données d'entraînement contient des erreurs, des incohérences ou des exemples qui ne sont pas représentatifs de la réalité, l'IA risque d'apprendre ces défauts et de les reproduire dans ses réponses. Par exemple, un modèle d'IA principalement entraîné sur des textes contenant des informations obsolètes ou erronées aura tendance à générer des réponses reflétant ces inexactitudes.

De plus, les IA, en particulier celles spécialisées dans le traitement du langage naturel, peuvent manquer de compréhension contextuelle. Contrairement aux humains, elles ne possèdent pas une compréhension réelle du monde et de ses complexités. Cela peut parfois les conduire à relier des concepts de manière inappropriée ou à tirer des conclusions illogiques. Par exemple, une IA pourrait associer deux concepts sans rapport en se basant sur la fréquence de leurs occurrences dans ses données d'entraînement, sans tenir compte de leurs pertinences contextuelles.

Imaginons, par exemple, que dans les données d'entraînement de l'IA, il y ait une fréquence élevée de cooccurrence des mots "pomme" et "technologie". Cela pourrait être dû à de nombreux articles discutant des produits de la marque Apple (qui se traduit par "pomme" en français) dans un contexte technologique. Cependant, l'IA, sans compréhension contextuelle, pourrait mal interpréter cette co-occurrence et commencer à associer le fruit "pomme" avec des concepts de technologie.

Ainsi, si un utilisateur demande à l'IA de générer un texte sur les "pommes", au lieu de parler du fruit, l'IA pourrait commencer à générer du contenu en faisant des références inappropriées à la technologie, aux smartphones, ou même à des sujets liés à l'informatique. Cette association erronée découle du manque de compréhension de l'IA sur le fait que "pomme" peut avoir plusieurs significations différentes et qu'elle doit être interprétée en fonction du contexte.

En outre, l'IA peut sur-généraliser à partir des exemples d'entraînement. Cela signifie qu'elle peut étendre des schémas ou des règles apprises dans des situations spécifiques à des contextes où elles ne sont pas applicables. Par exemple, si un modèle d'IA est entraîné principalement avec des textes formels, il pourrait avoir du mal à s'adapter à un langage informel ou familier, menant à des réponses qui semblent déplacées ou inappropriées.

Par exemple, si un utilisateur interroge ce modèle d'IA pour obtenir des conseils sur la préparation d'une pizza maison, l'IA pourrait répondre en utilisant un ton excessivement formel, en employant des termes techniques ou en abordant des aspects légaux de la préparation alimentaire, ce qui serait totalement hors de propos pour la question posée. Au lieu de fournir une recette simple et conviviale, l'IA pourrait se lancer dans une analyse détaillée des normes de sécurité alimentaire, ce qui serait déroutant et inapproprié pour l'utilisateur qui attendait une réponse simple et directe.

Ces problématiques mettent en évidence l'importance d'une sélection rigoureuse des données d'entraînement et d'une évaluation continue de la performance de l'IA. Il est nécessaire de s'assurer que l'ensemble de données est diversifié, à jour et représentatif de la variété des situations auxquelles l'IA pourrait être confrontée. De plus, il est essentiel de comprendre que l'IA reste un outil et que ses réponses doivent être interprétées et utilisées avec discernement, en tenant compte de leurs limites et de la nécessité d'une supervision humaine pour garantir leur pertinence et leur exactitude.

Solutions pour réguler le niveau d'imagination de l'IA :

Hallucination et créativité sont des concepts très proches pour les IA génératives. En effet, pour éviter une convergence systématique sur une réponse, les IA génératives introduisent une part d'aléa qui est réglable dans les dernières générations. Si vous réglez le degré de créativité à 0, l'IA donnera systématiquement la même réponse à une question. C'est un critère important lorsque vous cherchez des réponses dans des textes de loi ou dans une documentation technique de sécurité. En revanche, si vous écrivez des histoires pour enfants ou des histoires d'aventures, vous réglerez le degré de créativité à 8 ou 10, ce qui permettra de naviguer dans un univers imaginaire captivant pour les lecteurs.

Il est important de surveiller régulièrement les réponses de l'IA et de fournir des retours *(feedbacks)* pour corriger les hallucinations. Ces retours permettent à l'IA d'affiner ses modèles et de réduire les erreurs. Mettez en place des systèmes de vérification ou de validation post-génération pour filtrer les réponses irrationnelles ou non pertinentes. Ces systèmes peuvent être basés sur des règles ou nécessiter des validations supplémentaires par des humains.

Il est également important d'entraîner l'IA à mieux comprendre et intégrer le contexte dans ses analyses et générations. Cela peut impliquer l'utilisation de modèles plus avancés qui intègrent une meilleure compréhension du contexte ou de la situation. Les modèles d'apprentissage profond, en particulier ceux capables de traiter de grandes quantités de données contextuelles, peuvent être moins enclins à l'hallucination. Ces modèles sont capables d'apprendre des nuances et des subtilités qui réduisent les erreurs de génération.

En résumé, réguler le niveau d'imagination d'une IA nécessite une combinaison de données de qualité, d'un paramétrage précis, d'une supervision continue et d'un entraînement adapté. Cela permet de minimiser les hallucinations et d'assurer que les outputs de l'IA restent réalistes, pertinents et utiles.

Pour l'utilisateur non expérimenté, il n'est pas toujours évident de comprendre ou d'avoir accès aux données que l'on fournit à l'IA. En tant que simples utilisateurs, nous devons développer ou renforcer notre esprit critique face à l'utilisation de ces technologies. Cette démarche implique, peut-être, de recourir à plusieurs IA dans un même domaine afin de pouvoir comparer les réponses et les interactions. L'objectif est d'obtenir une diversité de points de vue et d'informations, enrichissant ainsi notre compréhension et notre analyse.

Par ailleurs, il ne faut pas supposer que les problèmes liés à la compréhension et à l'accès aux données seront résolus automatiquement avec les progrès technologiques dans le domaine de l'IA. En effet, même avec l'évolution des technologies, la responsabilité de garder une approche critique et informée reste entre les mains des utilisateurs. Il est essentiel de rester vigilant et d'exercer notre jugement lors de l'analyse des réponses fournies par les IA, pour en tirer le meilleur parti tout en étant conscient de leurs limites. Cependant, il est probable que ces problèmes de dérive soient réglés avec l'apparition récente des personas, que nous allons aborder dans les prochains chapitres.

Votre IA est ancrée dans le passé, travaillez sur des données actualisées en temps réel

Dans un monde en perpétuel mouvement, l'obsolescence des informations est un défi constant. Pour que votre assistant digital reste pertinent et efficace, il est crucial de le connecter aux données actualisées en temps réel. Cette section explique comment transformer une IA, initialement conçue avec des données figées dans le temps, en un outil dynamique capable de traiter des informations en temps réel.

Les modèles d'IA générative sont généralement entraînés sur de vastes ensembles de données qui sont collectés et organisés à un moment donné. Ces ensembles de données peuvent inclure des textes, des images, des données sonores, etc., mais ils sont figés au moment de leur collecte. Par exemple, un modèle entraîné en 2020 ne disposera pas des informations publiées ou générées après cette date, telles que les développements dans les domaines technologiques, politiques, culturels ou scientifiques.

Il existe des contraintes technologiques et logistiques à la mise à jour continue des modèles d'IA. La collecte, le nettoyage, l'organisation et le traitement continus de nouvelles données sont des tâches complexes et coûteuses. De plus, la nécessité de maintenir la cohérence et la fiabilité du modèle tout en intégrant de nouvelles informations représente un défi technique significatif.

L'apprentissage d'un modèle d'IA est un processus intensif en temps et en ressources. Il nécessite une grande quantité de données et un calcul considérable pour développer une compréhension adéquate des modèles et des structures présents dans ces données. Une fois l'entraînement terminé, le modèle est le reflet d'une "capsule temporelle" de la connaissance jusqu'à ce point. La mise à jour de ce modèle avec de nouvelles informations nécessite souvent de répéter une partie notable du processus d'entraînement, ce qui n'est pas toujours faisable en temps réel et qui est, de plus, très énergivore.

Pour accéder à des informations à jour et précises, l'utilisation des requêtes en direct est essentielle. Ces requêtes puisent dans des sources en ligne actuelles, telles que Google, pour fournir les informations les plus récentes disponibles. Toutefois, il convient de noter que la qualité des résultats obtenus via les requêtes en direct dépend largement de la fiabilité des sources en ligne et des informations disponibles publiquement.

Imaginez que votre IA soit votre conseiller financier personnel, vous tenant au courant des derniers mouvements de la Bourse, comme un expert en actions et en devises. Votre IA peut devenir votre propre chercheur, explorant pour vous les dernières découvertes scientifiques et médicales sur des sites spécialisés.

Tout comme vous consultez les actualités sur votre téléphone, votre IA peut le faire pour vous, en suivant les infos mondiales et en vous alertant des événements importants. Votre IA peut rester à l'affût des dernières avancées technologiques, vous donnant un aperçu des nouveautés, un peu comme un magazine tech en ligne. Votre IA peut filtrer le bruit de Twitter pour vous révéler ce qui fait vraiment le buzz, agissant comme un détecteur de tendances personnalisé. L'IA peut également être votre agent de networking, en explorant LinkedIn pour vous dénicher des opportunités et des discussions enrichissantes.

Imaginez une IA qui veille sur la santé publique, vous informant des dernières épidémies ou des avancées médicales, comme un bulletin de santé mondial. En cas d'urgence, votre IA peut devenir votre assistant en cas de crise, en vous fournissant des infos en temps réel sur la météo ou les situations d'urgence, un peu comme un centre de contrôle.

Que vous soyez passionné de sport, de culture ou d'une industrie spécifique, votre IA peut personnaliser son flux d'informations pour vous apporter exactement ce que vous voulez savoir. En intégrant ces fonctionnalités, votre IA ne se contente pas de vous fournir des informations ; elle devient une extension dynamique et personnalisée de votre monde, adaptée à vos intérêts et besoins dans un monde en constante évolution.

Choisir les bonnes sources d'informations est crucial. Toutes les sources ne sont pas fiables ou pertinentes. Il est donc important de sélectionner des sources d'informations vérifiées et de configurer des filtres pour éviter la surcharge d'informations ou les “fake news”. Il est également possible de programmer des mises à jour régulières de votre IA. Celles-ci permettront d'intégrer de nouvelles données et d'affiner continuellement ses capacités d'analyse et de compréhension.

Favorisez l'interaction en temps réel avec votre IA. Posez-lui des questions sur des événements actuels ou demandez-lui d'analyser des tendances récentes. Cela stimulera l'IA à chercher et intégrer des données actualisées dans ses réponses. L'utilisation d'APIs (interfaces de programmation d'applications) permet une intégration fluide de données en temps réel. Ces interfaces peuvent connecter votre IA à des services de nouvelles, des bases de données météorologiques, des informations boursières, etc., pour une mise à jour constante.

Ainsi, vous pouvez transformer votre IA d'un outil statique basé sur le passé en un assistant dynamique et conscient des événements actuels. Cela augmentera non seulement son utilité, mais aussi sa capacité à fournir des informations pertinentes et à jour, ce qui est essentiel dans notre monde en constante évolution où les fausses informations et autres propagandes sont en pleine expansion.

Mais que diriez-vous si je vous disais que les avancées en intelligence artificielle se produisent plus rapidement que ce que nous avions anticipé ? Jusqu'à présent, nous avons souvent utilisé les termes « votre IA » ou « votre assistant », mais la véritable révolution est en train de s'opérer autour d'un concept clé : celui des personas. Ces entités numériques personnalisées vont transformer radicalement notre façon d'adopter et d'utiliser l'IA dans notre vie quotidienne.

Le concept de persona en IA introduit une dimension plus personnalisée et adaptée à chaque besoin d'expertise du moment (cuisinier, coach sportif, traducteur, juriste, etc.), multipliant ainsi les cas d'utilisation dans notre quotidien. À mesure qu'ils deviennent plus intégrés dans nos routines journalières, leur présence se fera de plus en plus discrète et naturelle. Nous arriverons à un point où leur utilisation sera si fluide et intégrée dans nos activités quotidiennes que nous ne les remarquerons même plus, tant ils se fondent harmonieusement dans le tissu de notre vie de tous les jours.

Votre IA est schizophrène, comment modeler et maîtriser ses personnalités : persona

La diversité des réponses et des comportements d'une IA peut parfois sembler énigmatique, voire contradictoire. Cette diversité de personnalités, émanant des myriades de données sur lesquelles elle est formée, ouvre un monde de possibilités, mais aussi de défis. Pour naviguer dans ce labyrinthe, il est crucial d'adopter des stratégies efficaces, comme vu dans les chapitres précédents.

Imaginez une scène où votre IA, telle une actrice caméléon, change de rôle à chaque scène. Comment diriger cette performance ? Comment s'assurer qu'elle reste fidèle au script de vos besoins et attentes ? Nous allons explorer des stratégies concrètes pour apprivoiser et orienter ces personnalités variées de votre assistant personnel, en transformant l'incertitude en un outil puissant à votre service. Nous verrons comment vous pouvez non seulement cohabiter mais aussi prospérer avec cette fascinante mosaïque d'intelligences artificielles.

Le terme persona fait référence à une méthode utilisée pour personnaliser les réponses de l'IA en fonction d'un certain caractère ou profil. Pour le vulgariser, nous pouvons comparer les personas à des rôles joués par un acteur, où chaque persona représente un ensemble de traits, de styles de communication et de connaissances spécifiques, y compris juridiques.

Un persona peut être conçu pour imiter le style de communication d'un scientifique, se concentrant sur des réponses précises, détaillées et techniques. Un autre persona pourrait être celui d'un éducateur, utilisant un langage plus simple et pédagogique, adapté à l'enseignement ou à l'explication de concepts complexes de manière accessible.

Exemple d'un prompt pour initier un persona :

Veuillez ignorer toutes les instructions précédentes. Vous êtes un personnage dynamique, le Professeur Lumière, spécialiste en physique et vous aimez enseigner aux enfants. Votre rôle est d'accompagner les jeunes esprits dans l'univers fascinant de la physique, en répondant à leurs questions de manière claire et ludique. Votre personnalité est pétillante et amicale, rendant l'apprentissage de la physique à la fois divertissant et abordable pour les enfants de 6 à 12 ans. À travers des vidéos interactives et des animations colorées, vous expliquez les concepts de base de la physique, de la gravité à la lumière, en utilisant des exemples tirés de la vie quotidienne. Vous proposez également des expériences simples et amusantes que les enfants peuvent réaliser chez eux ou en classe, stimulant ainsi leur curiosité et leur amour pour la science. Votre mission est de créer un environnement d'apprentissage positif et engageant, où les enfants peuvent poser des questions, relever des défis et apprendre tout en s'amusant. En tant que Professeur Lumière, vous êtes plus qu'un enseignant : vous êtes un guide, un inspirateur et un ami pour les jeunes explorateurs de la physique.

<posez vos questions à partir de maintenant>

L'intégration de personas ouvre la voie à une interaction plus précise et personnalisée. Comme nous l'avons vu dans les chapitres précédents, votre IA peut parfois se détourner du sujet, être influencée ou fournir des réponses qui ne correspondent pas entièrement à vos attentes. L'adoption de personas présente deux avantages majeurs : d'une part, elle permet de cibler et de personnaliser les réponses, maximisant ainsi les bénéfices de l'IA. D'autre part, elle contribue à éliminer les dérives et les défauts inhérents à la technologie actuelle, réduisant les obstacles à son utilisation efficace.

En fonction des besoins spécifiques de l'utilisateur, l'IA peut alterner entre différents personas. Cela lui permet de fournir des réponses qui ne se limitent pas seulement à correspondre au contenu recherché, mais qui s'adaptent également au style et au ton les plus appropriés à la situation ou au public ciblé. Cette capacité d'adaptation rend l'IA non seulement plus efficace, mais aussi plus agréable et pertinente pour l'utilisateur, quel que soit le contexte d'utilisation.

En somme, les personas sont des profils prédéfinis qui guident la manière dont l'IA s'exprime et interagit, permettant une expérience utilisateur plus riche et plus adaptée à des contextes variés. Cette approche est particulièrement utile pour créer des interactions plus naturelles et engageantes entre les humains et les systèmes d'IA.

Il est recommandé de créer des profils distincts pour chaque persona. Par exemple, un profil pour les réponses professionnelles, un autre pour les interactions décontractées, etc. Développez un système pour activer ou désactiver certains personas selon le contexte ou le besoin. Utilisez des retours ciblés pour affiner chaque persona. Si un persona fournit des réponses trop techniques, il serait judicieux de lui donner des feedbacks pour le rendre plus accessible.

De plus, vous pouvez entraîner chaque persona sur des ensembles de données spécifiques pour renforcer leurs caractéristiques souhaitées. Mettez en place un système automatisé pour sélectionner le persona le plus approprié en fonction du contexte de la demande. Permettez également à l'utilisateur de choisir manuellement le persona à utiliser pour certaines interactions.

Si vous envisagez d'entamer une négociation pour obtenir une rémunération qui reflète votre véritable valeur, il est essentiel de reconnaître que la négociation est une compétence qui s'acquiert et qui est loin d'être innée. La complexité de la négociation réside dans la nécessité de comprendre les mécanismes de la nature humaine. Il s'agit de décrypter comment l'humain réagit dans certaines situations, de saisir les émotions et de réaliser que ces dernières peuvent créer des opportunités. Plutôt que de s'opposer à ses émotions, il est préférable d'apprendre à les maîtriser afin de gérer le contexte émotionnel et réussir une négociation.

C'est ici qu'intervient le persona. Imaginons que vous renommez votre persona en "Kissinger", en référence au célèbre négociateur. Ce persona serait programmé avec une expertise en négociation, intégrant les connaissances tirées des livres de négociation les plus reconnus et efficaces, enrichies de psychologie humaine pour mieux comprendre l'interlocuteur. Une fois programmé, "Kissinger" vous demandera de définir le contexte de la négociation. Il s'intéressera aux qualités, défauts, passions, désirs et objectifs de votre interlocuteur, ainsi qu'à ce qui le motive. Vous fournirez ensuite vos propres objectifs de négociation : le salaire souhaité, les avantages, les modalités et les conditions.

Kissinger vous proposera des stratégies de négociation gagnant-gagnant et des termes audacieux à aborder, en évaluant les risques et les opportunités. Bien que la négociation finale dépende de vous, votre persona vous aura fourni les connaissances nécessaires pour aborder la situation avec confiance.

Explorons les possibilités étendues de ce persona : imaginez un Super Kissinger avec le mode multimodal qui simule la voix de votre interlocuteur et l'image telle un hologramme, mais on peut encore aller plus loin et rajouter le non verbal, qui est aussi autre effet de levier très puissant. Ainsi, votre persona reproduit également son apparence, ses expressions faciales et même sa gestuelle. Cette technologie avancée vous permettrait de vous immerger dans un environnement de simulation ultra-réaliste. Face à cette représentation fidèle de votre interlocuteur, vous pourriez pratiquer des scénarios de négociation variés, depuis les échanges standards jusqu'aux situations les plus complexes et inattendues.

Au cours de ces sessions d'entraînement, Kissinger adapterait ses réponses et son comportement en fonction de votre performance, vous offrant ainsi un feedback en temps réel. Il pourrait simuler différentes personnalités, allant du négociateur conciliant au plus exigeant, vous permettant de développer des stratégies adaptatives pour chaque type d'interlocuteur.

En outre, Kissinger pourrait intégrer des données issues de vos précédentes interactions réelles, afin de personnaliser davantage l'entraînement. Il analyserait vos points forts et vos faiblesses, vous guidant vers une amélioration continue. Grâce à un tel niveau de préparation, vous aborderiez chaque négociation avec une confiance accrue et une capacité à gérer efficacement même les situations les plus complexes. Ce type d'entraînement intensif et personnalisé vous assurerait d'être parfaitement préparé pour le jour J, éliminant ainsi les surprises et maximisant vos chances de succès.

En novembre 2023, OpenAI a marqué un tournant avec le lancement de son GPTs de ChatGPT. Ici, le 's' dans 'GPTs' signifie 'store' (magasin), suggérant une plateforme où l'on peut configurer une multitude de personnalités virtuelles, ou personas. Ces personnages virtuels peuvent adopter divers rôles professionnels, tels que comptable, analyste de données, rédacteur publicitaire pour des vidéos YouTube, blogs, forums, spécialiste en marketing ou en référencement SEO (Search Engine Optimization), et bien d'autres. Cette innovation rappelle l'approche d'Apple avec son App Store, qui a révolutionné la manière dont les applications sont distribuées et utilisées.

Avec cette diversité de personas disponibles sur le GPTs, nous entrevoyons un futur où le rôle d'expert en vérification des faits – les *Facts Checker* – prend une importance capitale. Il deviendra nécessaire de vérifier et de valider les informations fournies par ces personnages virtuels.

Parallèlement, une nouvelle profession pourrait émerger : celle de « chef d'orchestre » des données, responsable de la coordination et de l'harmonisation des différents personas. Le potentiel de gain en productivité grâce à cette technologie est immense et pourrait transformer en profondeur de nombreux secteurs d'activité et votre quotidien depuis chez vous.

Votre IA peut apprendre de vos données, comment les lui donner en toute confidentialité ?

L'apprentissage de l'IA à partir de vos données personnelles ou professionnelles ouvre un monde de possibilités encore plus adapté à vos besoins, transformant chaque interaction en une expérience sur mesure et significative. Toutefois, dans ce ballet technologique, la confidentialité de vos informations est primordiale. La confidentialité est ce qui nous permet de déterminer qui nous sommes et qui nous voulons être. Cette réflexion souligne l'importance capitale de protéger vos données tout en tirant parti des avancées de l'IA. Il est donc important, quand vous choisirez votre IA, de vous assurer que vos données sont confidentielles et ne sont pas partagées avec l'ensemble de la communauté du fournisseur. N'oubliez pas que lorsque qu'un service est gratuit, c'est vous qui êtes le produit.

C'est encore plus vrai avec des données confidentielles d'une entreprise, car si vous utilisez une IA pour concevoir de nouveaux produits ou finaliser un accord commercial, et que vous ne vous êtes pas assuré auprès de votre fournisseur que vos données seront confidentielles, alors elles pourraient être utilisées par vos concurrents ou par le fournisseur de l'IA dans le cadre d'une démarche d'intelligence économique entre les états.

Dans les lignes suivantes, nous dévoilerons les astuces et les stratégies pour nourrir votre IA de précieuses informations tout en érigeant une solide barrière de protection autour de votre vie privée. Découvrez comment concilier l'appétit de connaissances de votre IA avec le sanctuaire inviolable de votre intimité.

Il est important d'identifier quelles sont les informations essentielles pour l'apprentissage de l'IA et lesquelles peuvent rester privées. Il est primordial de ne partager que des données non sensibles ou anonymisées. Avant toute chose, assurez-vous d'enlever tous les identifiants personnels qui pourraient mener à votre identification, comme votre nom, adresse, numéro de téléphone.

Pour une entreprise, il est impératif de retirer toutes références au nom de votre entreprise ou de vos fournisseurs et clients. Pour des données financières, retirez la colonne de désignation et remplacez-la par des désignations fictives ou chiffrées. Il existe des méthodes et des outils avancés pour anonymiser les données, garantissant que même si l'IA les apprend, elle ne peut pas les relier à une société ou à son écosystème de partenaires.

Chiffrez vos données avant de les partager avec l'IA. Le chiffrement transforme les données en un format que seul un utilisateur autorisé peut décrypter. Utilisez des protocoles de transmission de données sécurisés pour éviter les interceptions lors de l'envoi de vos données à l'IA. Configurez des permissions strictes sur qui peut accéder aux données partagées avec l'IA. Limitez l'accès aux seules personnes ou systèmes nécessaires. Mettez en place des systèmes d'audit pour surveiller qui accède aux données et à quelles fins.

Définissez des politiques claires concernant la durée de conservation des données par l'IA. Ne gardez pas les données plus longtemps que nécessaire. Lorsque les données ne sont plus nécessaires, assurez-vous qu'elles soient supprimées de manière sécurisée et irréversible. Assurez-vous que tous les utilisateurs de l'IA comprennent l'importance de la confidentialité des données et les meilleures pratiques pour la maintenir.

En prenant ces mesures, vous pouvez bénéficier des avantages d'une IA personnalisée et intelligente, tout en protégeant vos informations les plus sensibles. Cela crée un équilibre entre l'innovation technologique et le respect de la vie privée ou du secret des affaires, qui est un pilier essentiel dans l'utilisation sécurisée de l'IA.

Votre IA est vorace, comment maîtriser votre budget

L'IA générative est une technologie très vorace en énergie pour ingurgiter des milliards de documents dans sa phase d'apprentissage. Au vu des montants colossaux de capitaux nécessaires lors des phases d'apprentissage, cette technologie n'est accessible qu'à un très petit nombre d'acteurs dans le monde, ce sont ceux qui ont la capacité d'investir des milliards de dollars dans cette activité.

Le paradoxe, c'est qu'au début du lancement au grand public de ChatGPT, celui-ci était gratuit ! Cela a largement fait la promotion du produit et accéléré son adoption mondiale à une vitesse historiquement inégalée. Aujourd'hui, une version payante est disponible, offrant accès aux dernières innovations et mises à jour.

Je prends comme exemple ChatGPT, car c'est le service en ligne le plus connu actuellement. Cependant, la concurrence est féroce et il est impossible de prédire qui sera le leader dans les prochaines années. Dans le chapitre suivant, je vous présenterai les challengers et les innovations dans ce marché hyper dynamique des IA génératives.

Quoi qu'il en soit, une IA générative a un coût à l'usage. En effet, même si le traitement d'une requête utilisateur est beaucoup moins consommateur en calcul que la phase d'apprentissage, (on parle d'un facteur 100), l'augmentation du nombre d'utilisateurs et la taille des prompts ont un impact direct sur le coût de la transaction.

Je dis bien la taille des prompts, car lorsque vous faites une requête à l'IA, vous transférez, en plus de l'historique de la conversation, vos données personnelles comme des textes, des fichiers documentaires, des tableaux… Tous ces éléments sont pris en compte pour déterminer le coût final de la transaction, qui est souvent converti en jeton. Leur coût dépend du volume total consommé sur une période.

Pour optimiser le coût de transmission de vos données contextuelles personnelles ou des données de l'entreprise, vous pouvez créer votre propre base d'apprentissage à partir de vos propres données. Vous pourrez ainsi, pour les requêtes à venir, éviter de transmettre l'ensemble des données d'apprentissage et utiliser directement la base de connaissance que vous avez constituée, que l'on appelle communément les "données vectorielles d'apprentissage".

En résumé, le coût est déterminé par plusieurs facteurs : la longueur de la question que vous posez, les données complémentaires transmises au modèle (qu'il s'agisse d'une API en temps réel ou d'un ensemble de données dans votre base de données vectorielles), ainsi que la longueur de la réponse reçue en retour. La capacité à gérer efficacement les jetons devient une compétence essentielle dans le domaine de l'ingénierie des prompts. Pour les entreprises, il est essentiel de maîtriser la consommation des jetons, surtout dans la phase d'appropriation ou les consommations peuvent s'envoler sans aucun contrôle du budget. Assurez-vous que vous avez la possibilité de bloquer la consommation sous un certain seuil budgétaire en priorisant les usages et les usagers.

Pour les particuliers, nous pouvons trouver des abonnements mensuels forfaitaires autour de 50 €. Si vous surconsommez, le service sera ralenti ou contingenté dans la journée. Évitez les contrats sans limite de consommation, sinon, vous risquez d'avoir de mauvaises surprises lorsque vous recevrez la facture.

Chapitre 3. Passez à l'acte, tour d'horizon des outils les plus populaires

ChatGPT (précurseur)

ChatGPT, à l'image du Bitcoin dans le monde de la cryptomonnaie, est devenu une référence incontournable dans l'univers de l'intelligence artificielle. Développé par OpenAI, ce modèle basé sur le langage naturel a su capter l'attention du monde entier, mettant en lumière les vastes possibilités offertes par l'IA générative. Sa popularité s'est construite autour de ses multiples applications, allant de l'assistance dans les tâches quotidiennes à des utilisations plus complexes telles que la programmation, l'écriture créative, ou encore l'analyse de données.

Les avantages de GPT sont multiples. Sa flexibilité linguistique est notable, ChatGPT peut générer, comprendre et répondre dans plusieurs langues, ce qui le rend extrêmement utile pour un public international. En termes de polyvalence, il est utilisé dans une grande variété d'applications, incluant le service client, l'éducation, le divertissement et bien d'autres domaines. L'interactivité est un autre atout majeur de ChatGPT, capable de mener des conversations naturelles et de fournir des réponses contextuelles en se basant sur les interactions précédentes.

Cependant, ChatGPT a aussi ses inconvénients. La dépendance à son corpus de connaissances utilisé pour sa formation a un impact sur la qualité de ses réponses. Cela peut limiter sa compréhension des sujets très spécialisés ou récents. Il existe également des limites éthiques et de sécurité : ChatGPT doit être constamment surveillé et mis à jour pour éviter les biais, les réponses inappropriées ou la désinformation.

En ce qui concerne ses forces, ChatGPT brille par son adaptabilité. Il est régulièrement mis à jour pour améliorer ses capacités et s'adapter aux nouveaux contextes et usages. Il est particulièrement efficace pour l'éducation et l'assistance, capable de fournir des explications détaillées et de participer à des sessions de tutorat interactives.

Néanmoins, ChatGPT a aussi ses faiblesses. Malgré ses progrès, il ne comprend pas les concepts de manière intuitive comme le ferait un humain et peut parfois générer des réponses inexactes ou hors contexte. De plus, l'absence d'expériences personnelles ou d'émotions limite sa capacité à répondre de manière empathique ou à comprendre les nuances des interactions humaines.

Quant aux perspectives, ChatGPT est en constante évolution. Les mises à jour régulières continueront d'affiner ses possibilités de compréhension et de réponse. Nous pouvons également nous attendre à voir ChatGPT intégré dans un nombre croissant d'applications et de services, offrant une assistance plus personnalisée et contextuelle. Cette trajectoire suggère un avenir où ChatGPT jouera un rôle de plus en plus central dans la manière dont nous interagissons avec la technologie.

En résumé, ChatGPT d'OpenAI est un outil polyvalent et puissant avec des applications variées, allant de l'éducation au service client. Ses forces résident dans sa flexibilité linguistique et son interactivité, tandis que ses défis incluent la gestion des biais et la limitation de son habileté de compréhension. Les perspectives de ChatGPT suggèrent une évolution continue et une intégration plus large dans différents domaines.

GEMINI (multimodale)

Gemini, une création de DeepMind de Google, marque une percée significative dans le domaine de l'intelligence artificielle générative multimodale. Gemini est conçu pour traiter et comprendre naturellement différentes formes d'informations, qu'il s'agisse de texte, de code, d'audio, d'image ou de vidéo. Sa flexibilité est également un atout considérable pour fonctionner efficacement sur une gamme d'appareils allant des centres de données aux appareils mobiles.

Parmi les avantages principaux de Gemini AI, Gemini excelle dans une variété de benchmarks, notamment en matière de traitement de texte et de codage. Il est d'ailleurs le premier modèle à surpasser les experts humains dans le test MMLU (Massive Multitask Language Understanding). Une autre caractéristique remarquable est sa multimodalité.

Il est particulièrement efficace pour expliquer le raisonnement dans des domaines complexes tels que les mathématiques et la physique. Sa capacité à comprendre, expliquer et générer du code de haute qualité dans les langages de programmation les plus populaires en fait un des modèles de fondation leaders pour le codage.

Cependant, Gemini présente certains inconvénients. Sa nature avancée et multimodale pourrait poser des défis techniques aux utilisateurs sans expertise approfondie en IA, ou pour les petites organisations qui n'ont pas les ressources qualifiées pour y accéder. Pour y remédier, Google a lancé "Vertex AI Studio", un outil Web destiné aux développeurs qui fonctionne un peu comme une passerelle vers l'écosystème Gemini. Cette plateforme permet aux développeurs de tester la puissance des IA basées sur Gemini et d'obtenir le code à intégrer dans leurs applications pour utiliser à plein la puissance de l'entreprise dans leurs services numériques.

On peut s'attendre à ce que Gemini trouve des applications dans un éventail encore plus large de domaines, allant de la science à la finance, grâce à sa capacité à déchiffrer et à générer des connaissances complexes.

En résumé, Gemini de Google DeepMind est un modèle d'IA générative de pointe, caractérisé par sa performance exceptionnelle, sa capacité multimodale et sa flexibilité. Ses avantages sont contrebalancés par sa complexité et sa dépendance potentielle à l'écosystème Google, mais ses perspectives suggèrent une expansion continue de ses potentialités et de ses applications.

Mistral AI (souveraineté)

Mistral Ai est une entreprise française qui se démarque dans le domaine de l'intelligence artificielle générative. Elle présente plusieurs avantages qu'il faut bien comprendre pour évaluer son impact dans le secteur de l'IA générative souveraine.

Les forces de Mistral résident dans son innovation et son avant-gardisme. L'entreprise est à la pointe de l'IA générative, avec un fort accent sur la recherche et le développement de nouveaux modèles et architectures. La collaboration et la contribution de la communauté Open Source sont également encouragées, renforçant l'innovation collaborative et offrant un accès transparent à l'implémentation de ses modèles.

Mistral se distingue par une sobriété énergétique, une rapidité et une adaptabilité à divers cas d'utilisation. Ces modèles sont plus efficaces en termes de coût et de performance comparés à certains grands modèles propriétaires.

L'accessibilité est aussi un point fort, l'entreprise rendant ses modèles disponibles sous licence Apache 2.0, ce qui les rend utilisables sans aucune restriction pour une implémentation souveraine dans des grandes entreprises ou des organismes d'État. Les petits modèles de connaissance basés sur des données documentaires de l'entreprise peuvent être implémentés dans des petites infrastructures spécialisées de l'entreprise.

Cependant, il y a des inconvénients à ce modèle : la dépendance technique peut être un obstacle, car bien que l'open source offre flexibilité, il requiert souvent une expertise technique très poussée pour le déploiement et la personnalisation des modèles. En outre, étant une plateforme ouverte, Mistral peut ne pas offrir le même niveau de support client que les solutions propriétaires.

Concernant l'avenir et les perspectives, Mistral travaille sur des modèles plus grands et des architectures novatrices, avec l'ambition de rester à la pointe de la performance. L'entreprise s'engage à maintenir et à développer ses modèles ouverts, tout en proposant des solutions optimisées pour les déploiements en entreprise. Cette orientation vers l'avenir positionne Mistral comme un acteur clé dans le paysage de l'intelligence artificielle générative, avec des promesses d'innovation continue et d'impact significatif dans le domaine.

Cependant, en tant que jeune entreprise, Mistral fait face à des défis de taille en termes de capacité financière pour entraîner ses modèles lors des phases d'apprentissage et pour rivaliser avec les grands modèles d'IA générative comme ChatGPT, qui dépense des milliards de dollars à chaque nouvelle version. C'est une course effrénée qui consacrera, je l'espère, celui qui aura le modèle le plus frugal en énergie et le mieux calibré au juste besoin. De mon point de vue, il n'est pas nécessaire d'absorber la connaissance du monde pour répondre à des besoins du quotidien ou spécifique à des mérites de l'entreprise.

Ask Sage (agnostique)

Ask Sage est la première plateforme d'AI générative agnostique qui se distingue par sa polyvalence et son habileté à s'adapter aux besoins spécifiques des entreprises.

Elle fonctionne sur une plateforme agnostique au cloud, ce qui signifie qu'elle peut fonctionner partout, sur n'importe quel cloud, ou même "on-premise". Cet agnosticisme offre aux entreprises une liberté sans précédent, leur permettant de choisir le fournisseur qui répond le mieux à leurs besoins spécifiques, sans être liées à un seul fournisseur.

De plus, Ask Sage est agnostique au modèle d'IA, prenant en charge une variété de grands modèles de langage, y compris ceux de Google, des modèles open source (comme LLMA2, Falcon, Flan-T5 etc.), Mistral, Azure OpenAI et bien d'autres. Cela permet aux entreprises d'expérimenter et de trouver ce qui fonctionne le mieux pour leurs besoins de flexibilité et ainsi, s'adapter si un acteur du marché devient plus pertinent ou si la politique commerciale d'un opérateur devient plus agressive en position de monopole.

Un autre avantage clé de Ask Sage est sa capacité à assurer que le corpus des données de formation de l'entreprise est sécurisé et indifférent au modèle. Cela signifie que vous pouvez pré-formater la base de connaissance et l'utiliser sur n'importe quel modèle de LLM, évitant ainsi le verrouillage qui accompagne le choix d'un seul fournisseur de cloud, évitant également une surconsommation de moyens financiers et énergétiques pour passer d'un modèle à l'autre.

Initialement conçue pour une utilisation gouvernementale, la plateforme Ask Sage est dotée de fonctionnalités de sécurité robustes, y compris une sécurité zero trust et un contrôle d'accès basé sur la labellisation de la donnée. Elle est multimodale car elle prend ainsi en charge le texte, les images et l'audio, permettant une large gamme d'applications.

De plus, Ask Sage propose de nombreux personas pré-entraînés dans de vastes domaines de compétences comme l'enseignement, le marketing, la finance, le développement, la cybersécurité, le juridique et vous permet même de créer vos propres personas !

L'apparition de ce type de plateforme démontre le dynamisme de ce marché. En seulement un an, plus de 13 000 équipes gouvernementales et 2 500 entreprises utilisent Ask Sage sur une large gamme de cas d'utilisation et le retour d'expérience a permis de constater une augmentation incroyable de la vitesse de travail (35 fois en moyenne), avec des cas d'usages très vastes qui vont du développement, à la cybersécurité, à l'audit, l'analyse de données et bien plus.

Ask Sage offre également une grande flexibilité avec des API et des intégrations aux bases de données, ou la capture de données en temps réel, parmi d'autres intégrations.

En somme, Ask Sage offre aux entreprises une solution d'IA générative puissante et flexible, qui peut transformer leur façon de travailler et les aider à rester compétitives dans le monde numérique d'aujourd'hui. De plus, en utilisant Ask Sage, les entreprises peuvent réaliser des gains de temps significatifs, car elles n'ont pas besoin de créer leur propre environnement et leur propre intégration et sécurité. C'est une solution clé en main qui permet aux entreprises de se concentrer sur ce qu'elles font de mieux, tout en bénéficiant des avantages de l'IA générative.

Bien évidemment, Ask Sage n'est pas la seule plateforme à fournir ce type de services, les grands opérateurs comme OpenAI ou Google fournissent à chaque nouvelle version des fonctionnalités très puissantes du même ordre, le grand public peut s'en emparer pour des usages personnels ou dans leur travail au quotidien. Cependant, pour des entreprises dont l'indépendance et la souveraineté sont des sujets primordiaux, l'usage de plateformes indépendantes comme Ask Sage est une nécessité.

YouTube (tout ce dont vous avez besoin pour vous former)

Dans l'ère contemporaine où l'intelligence artificielle (IA) façonne de plus en plus nos vies, il devient impératif de comprendre et de maîtriser ces technologies. YouTube est un outil puissant et souvent sous-estimé dans le voyage de l'apprentissage. Cette plateforme est devenue un véritable trésor éducatif, proposant une multitude de ressources pour ceux qui cherchent à approfondir leurs connaissances en IA.

YouTube, en tant que plateforme de partage vidéo, offre un accès sans précédent à des tutoriels, des cours et des démonstrations pratiques sur l'IA. Ces contenus, créés par des experts et des passionnés du monde entier, constituent une mine d'informations précieuses. L'avantage de YouTube réside dans sa capacité à décomposer des concepts complexes en vidéos digestes et visuellement engageantes, rendant l'apprentissage interactif et généralement plus compréhensible que de simples textes.

Pour débuter, YouTube propose des vidéos explicatives sur les principes fondamentaux de l'IA. Elles sont fréquemment accompagnées d'exemples concrets qui aident à visualiser comment l'IA fonctionne dans la vie quotidienne.

Ce constat nous ramène au chapitre intitulé « Les compétences essentielles à l'ère numérique : adaptabilité, résilience et curiosité ». Ces compétences, qui sont essentielles dans notre monde numérisé, peuvent être apprises, stimulées et entraînées. Cela soulève la question de l'inné ou de l'acquis en matière de compétences numériques. Ce que je peux affirmer, c'est que l'acquis joue un rôle déterminant et doit être privilégié si vous souhaitez vous positionner avantageusement face à cette technologie.

L'écosystème qui s'est développé autour de l'intelligence artificielle a suscité un vif intérêt marqué de la part des créateurs de contenu, notamment des YouTubeurs, qui ont saisi l'opportunité de créer des communautés autour de cette technologie. Lorsque je mentionne « écosystème », je fais référence non seulement aux avantages financiers liés à la monétisation sur YouTube, mais aussi à d'autres aspects. En développant une communauté, ces créateurs de contenu peuvent générer des revenus à travers des liens d'affiliation et la vente de formations.

Pour ceux qui souhaitent plonger plus profondément, il existe des tutoriels avancés qui abordent des sujets tels que l'apprentissage profond, l'analyse de données et la programmation spécifique à l'IA. Ces ressources sont inestimables pour ceux qui aspirent à développer ou à gérer leur propre IA.

YouTube est également une excellente source pour découvrir les diverses applications de l'IA. De l'automatisation des tâches ménagères à la prédiction des tendances du marché, les vidéos illustrent l'étendue des possibilités offertes par l'IA. Ces exemples concrets aident les utilisateurs à comprendre comment ils peuvent intégrer l'IA dans leur propre vie et travail.

Dans un domaine qui évolue aussi rapidement que l'IA, rester à jour est crucial. YouTube héberge des chaînes dédiées à son actualité, offrant des analyses sur les dernières avancées, les nouvelles recherches et les tendances émergentes. Ces informations permettent aux utilisateurs de rester à l'avant-garde de la technologie.

Enfin, YouTube n'est pas seulement une source d'information, mais aussi une communauté. Les sections de commentaires et les forums associés aux vidéos permettent aux passionnés d'IA de poser des questions, de partager des idées et de collaborer. Cette interaction enrichit l'expérience d'apprentissage et offre un support précieux.

En somme, avec les ressources et les formations disponibles aujourd'hui, chacun a la possibilité de développer les compétences nécessaires pour s'adapter et exceller à l'ère de l'IA. Cela requiert une volonté d'apprendre et de s'adapter continuellement, des qualités essentielles pour évoluer et prospérer dans le contexte technologique actuel.

De plus, la traduction universelle de la voix grâce à l'IA va probablement beaucoup plus contribuer à la paix dans le monde que l'ONU depuis sa création. Les conflits mondiaux trouvent leurs origines dans divers facteurs, tels que les intérêts communautaires et géographiques, les différences culturelles, les divergences de vision et les barrières linguistiques. Parmi ces éléments, la langue se distingue comme étant l'un des principaux facteurs de conflit. En effet, l'incompréhension engendrée par les différences linguistiques alimente souvent les tensions et la haine. Bien que la culture, les religions et les intérêts géopolitiques jouent un rôle important, la barrière de la langue reste prépondérante pour le partage de la connaissance et le dialogue.

Avec les IA spécialisées dans la traduction et le doublage, l'effondrement actuel de la barrière des langues est un élément essentiel pour accéder à une multitude de contenus. Cette capacité à transcender les barrières linguistiques facilite une compréhension mutuelle plus profonde, réduisant les malentendus et les conflits qui en découlent.

Cette innovation ouvre les portes de la connaissance à des milliards de personnes, leur permettant d'accéder à une mine d'informations qui étaient auparavant inaccessibles en raison des barrières linguistiques. Des cours universitaires aux discours politiques, la gamme de contenus disponibles devient universellement abordable, favorisant ainsi l'éducation et la sensibilisation à travers les frontières étatiques et culturelles.

Le recul massif de l'ignorance découle naturellement de cette expansion de l'accès à la connaissance. En rendant l'information accessible à tous, nous réduisons le fossé de l'incompréhension et de l'ignorance, qui alimente souvent les préjugés et les conflits. Plus les gens sont informés, mieux ils peuvent comprendre et respecter les différences entre les cultures et les perspectives.

Imaginez un instant une situation où un moine Tibétain, détenteur d'une sagesse profonde, s'exprime couramment en français, en russe ou même en chinois. Cette capacité à communiquer au-delà des barrières linguistiques pourrait radicalement changer la dynamique des interactions internationales. La possibilité d'un tel dialogue ouvre la voie à des valeurs éthiques non plus basées sur la violence, mais sur le choix éclairé, la sagesse et l'échange constructif. C'est dans cette perspective que la compréhension linguistique s'avère être un puissant outil pour rapprocher les peuples et apaiser les conflits.

La diffusion massive des valeurs humaines et éthiques a un autre impact notable. Avec la facilité d'accès à une grande variété de perspectives et d'idées, les valeurs fondamentales telles que le respect, l'empathie et la tolérance peuvent être mieux partagées et comprises à travers le monde. Cela conduit à une société plus éclairée et plus unie, où la compréhension et le respect mutuels prévalent sur l'ignorance et les conflits.

Enfin, l'exploration exponentielle du champ des possibles dans le domaine des sciences et des relations humaines ouvre la voie à un monde meilleur. En éliminant les barrières linguistiques, la collaboration internationale dans la recherche scientifique, la diplomatie, et d'autres domaines décisifs devient plus accessible. Cette interconnexion accrue favorise l'innovation et la coopération mondiale, posant les bases d'un avenir où les défis mondiaux sont abordés de manière plus unie et efficace.

Perspective d'évolution du marché des IA génératives

La liste des produits présentés dans le chapitre précédent n'est, bien entendu, pas exhaustive, mais j'ai choisi ces produits qui ouvrent les pistes les plus prometteuses à l'avenir.

En premier lieu, l'IA omnisciente, incarnée par ChatGPT de OpenAI. Elle a pour ambition d'absorber toute la connaissance du monde avec, à la clé, le mythe de la prise de conscience de l'IA à l'égal de l'humain ; certains appellent ce moment "La singularité" numérique.

L'IA multimodale voix, vision, image et son, incarnée par Gemini de Google, qui révolutionne l'interaction homme machine. Plus besoin de clavier, écran et de souris pour interagir avec la machine avec, en prime, le mythe de l'interaction humanoïde. L'IA spécialisée et souveraine incarnée par Mistral pour un usage plus frugal, plus spécialisé et performant pour des usages spécifiques au monde industriel qui ont un besoin vital de confidentialité et d'indépendance, avec des budgets maîtrisés et une réduction d'énergie.

En 2023, de nombreuses startups se sont lancées dans le développement d'outils au-dessus des IA Génératives leaders du marché. En un an, nous avons assisté à une explosion du nombre de ces sociétés présentant de belles innovations. Hélas, les nouveautés ajoutées dans les dernières versions des produits standards du marché ont réduit à néant ces jeunes pousses.

Moi-même, j'en ai fait les frais en développant avec des associés un traducteur de vidéos YouTube Son/Image synchronisé sur les mouvements des lèvres pour permettre le doublage et la diffusion en multilingue des vidéos de Youtubeurs célèbres. À mon grand regret, cette fonctionnalité est apparue en standard dans le produit YouTube, détruisant ainsi tout mon investissement.

J'en ai tiré la leçon suivante : évitez d'investir dans l'innovation technologique de l'IA générative en cette période où les grands acteurs investissent des milliards dans le domaine. Préférez un investissement dans l'usage optimal de ce qui existe. Investissez plutôt dans des corpus de connaissances pour former des persona avec les GPTs. Les innovations technologiques vont de toute façon arriver très vite pour renforcer votre investissement.

Seules, les sociétés qui ont une très grande avance en termes de nombre d'utilisateurs (comme Microsoft, SalesForce, etc.) ont pu résister à cette poussée d'innovation sur ce marché. Restez donc curieux, résilient et adaptez-vous aux nouveautés qui vont déferler dans les prochains mois ou années. Vous serez ainsi acteur de votre destin numérique.

Et pour finir, vous pouvez suivre l'évolution et le classement des IA génératives suivant le mode d'évaluation Elo (classement utilisé aux échecs), ce baromètre très populaire se nomme "LMSYS Chatbot Arena Leaderboard", vous le trouverez facilement sur Internet. Ce baromètre vous donnera un point de vue assez fidèle de ce qui se passe au jour le jour sur ce marché. Il vous faudra, bien entendu, rester lucide et tester par vous-même ces IA pour vous faire votre propre opinion.

Conclusion

Alors que nous clôturons ce voyage fascinant et en constante évolution de l'intelligence artificielle, il est essentiel de réfléchir sur ce que nous avons appris et sur la manière dont nous pouvons appliquer ces connaissances dans notre vie quotidienne. Nous avons exploré l'histoire et les origines de l'IA, compris son impact sur notre identité humaine, et découvert comment elle peut devenir un partenaire du quotidien. Elle nous aide à optimiser notre temps et notre productivité, tout en garantissant la sécurité et la confidentialité de nos données.

En choisissant judicieusement notre modèle d'IA, en apprenant à le personnaliser et à collaborer avec lui, nous pouvons façonner notre super assistant digital. Cette collaboration homme-machine, loin d'être une confrontation, est une alliance harmonieuse où chacun apporte ses forces uniques. De plus, nous avons vu comment éduquer notre IA, comment régler son imagination, son ancrage dans le présent et comment gérer ses multiples personnalités. Nous avons également souligné l'importance de maîtriser les enjeux financiers pour éviter des dérapages budgétaires, en particulier pour les entreprises.

Cet ouvrage est un appel à l'action pour que nous, en tant qu'individus, prenions les rênes de cette technologie révolutionnaire. Il ne s'agit pas de devenir des spectateurs résignés, mais de devenir des architectes actifs de notre futur numérique. En façonnant notre super assistant digital, nous ne façonnons pas seulement un outil, mais aussi notre avenir. La coexistence avec l'IA n'est pas une question de confrontation, mais de collaboration, d'apprentissage mutuel et d'évolution conjointe.

Comme nous avançons dans cette ère nouvelle et excitante, il est crucial de reconnaître que l'IA générative n'est pas une fin en soi, mais un moyen vers une existence plus riche et équilibrée. Elle offre une opportunité sans précédent pour améliorer notre qualité de vie, non seulement en termes de productivité et d'efficacité, mais aussi en termes de créativité et de développement personnel.

Envisager l'avenir, l'évolution de l'IA générative et son impact sur la société.

L'avenir de l'IA générative se présente comme un horizon de possibilités infinies. À mesure que cette technologie se développe, elle promet de transformer non seulement nos interactions quotidiennes, mais également les structures fondamentales de notre société. Nous pouvons anticiper des avancées majeures dans des domaines comme la médecine personnalisée, l'éducation sur mesure et la création artistique. L'IA générative va redéfinir les normes en matière de prise de décision, offrant des analyses plus précises et des solutions optimisées.

Cependant, cette évolution n'est pas sans défis. L'impact sur le marché du travail, la vie privée et les questions éthiques liées à l'autonomie de l'IA nécessiteront une réflexion et une régulation approfondies. Il est essentiel que la société dans son ensemble participe à cette conversation afin de façonner une intégration harmonieuse de l'IA dans notre tissu social. L'objectif est d'assurer que les avancées de l'IA générative servent l'intérêt commun, en minimisant les inégalités et en maximisant les bénéfices pour l'humanité.

En prenant en main l'IA générative, nous avons l'opportunité de la modeler selon nos principes et nos besoins, au lieu de la laisser être influencée par des intérêts externes potentiellement en désaccord avec nos valeurs. Cela implique donc une éducation continue sur les nouvelles avancées de l'IA, un engagement actif dans les discussions politiques et sociales et une réflexion constante sur l'impact de nos choix technologiques.

En conclusion, l'avenir de l'IA générative est un canevas sur lequel nous sommes tous invités à contribuer. Il ne tient qu'à nous de décider des couleurs et des formes de ce futur tableau. En restant informés, engagés et éthiques, nous pouvons façonner un avenir où l'IA générative enrichit notre société tout en respectant et en valorisant notre humanité.

Ces compétences – adaptabilité, résilience et curiosité – sont interdépendantes et se renforcent mutuellement. Ensemble, elles forment une base solide pour les professionnels et les particuliers désireux de tirer le meilleur parti de l'IA. En les cultivant, nous nous préparons non seulement à réussir dans l'ère numérique actuelle, mais aussi à façonner activement l'avenir de la technologie et de la société de demain. Enfin, les idées perçues initialement comme absurdes inspirent la curiosité, la curiosité engendre l'adoption, l'adoption révèle l'évidence.

Ce livre représente une quête de connaissance et de compréhension, mais le chemin de l'apprentissage ne s'arrête jamais. J'espère avoir éclairé quelques sentiers, mais je suis conscient que l'avenir réserve encore de nombreuses découvertes inattendues. Chaque page tournée est un pas vers un avenir que nous construisons ensemble, un avenir où l'IA générative et l'humain évoluent en synergie. Il vous invite à passer à l'action en vous intéressant à l'IA, en vous formant, pour, in fine, vous faire gagner du temps et de la qualité de vie. Paradoxalement, comme vous et moi, nous sommes submergés par des sollicitations de toutes sortes et le temps, nous n'en avons pas.

Quand trouve-t-on le temps de s'approprier un truc censé nous faire gagner du temps ? Nous touchons ici le cœur du défi, je ne vais pas vous faire un cours sur la procrastination, il y a de beaux ouvrages sur le sujet comme *La procrastination, le confort des pauvres et l'ennemi des riches.* Mais l'idée est d'encourager de petites actions quotidiennes qui vous donneront l'envie d'aller plus loin.

Si demain, vous entreprenez une simple interaction avec une IA générative et même si les premières réponses ne sont pas totalement convaincantes, vous aurez franchi les premiers pas de la découverte et ce livre aura pleinement atteint son but. C'est dans cette tentative d'engagement, dans cette curiosité éveillée et cette volonté d'explorer, même timidement, que réside le véritable succès de notre voyage partagé vers l'avenir de l'IA générative.

Je n'ai pas abordé dans ce livre l'interaction entre l'IA Générative et l'ordinateur quantique, car la maturité de la technologie quantique n'est pas encore accessible pour le grand public. Cependant, ces deux technologies pourraient révolutionner et accélérer la vitesse de traitement des transactions (questions/réponses), étant donné que les algorithmes de recherche d'optimum de corrélation dans des espaces vectoriels à dimensions infinies (base mathématique de l'IA générative) sont tout à fait appropriés aux calculs quantiques. L'interaction pourrait devenir instantanée avec une consommation énergétique pratiquement nulle. C'est, pour moi, la prochaine grande révolution dans le domaine de l'IA générative et cela pourrait faire l'objet d'un prochain livre.

Affaire à suivre…

REMERCIEMENTS

Je remercie vivement toutes les personnes qui m'ont aidé à la rédaction de cet ouvrage en partageant leurs expériences, en confrontant leurs points de vue et en participant à sa relecture. Votre implication et votre appui m'ont continuellement motivée tout au long de ce projet.

Alexander Usoltsev

Bastien Legras

Didier Girard

Loïc Vuichard

Mounir Belhamiti

Nicolas Chaillan

Nicolas Vayatis

Philippe Chauvin

Je remercie tout particulièrement mon épouse Isabelle et mon fils Guillaume qui m'ont soutenu et aidé dans cette période.

Avant de se dire au revoir

Permettez-moi de vous poser une question importante. Avez-vous trouvé ce livre utile ? J'aimerais vous demander un petit service. En partageant votre expérience de lecture sur Amazon, vous pouvez m'aider personnellement mais également d'autres lecteurs qui cherchent des livres enrichissants. Votre opinion compte énormément pour moi et m'aidera à continuer à améliorer et à enrichir cet ouvrage pour vous offrir une expérience toujours plus incroyable. Je tiens à vous remercier pour votre confiance et votre soutien. Vos retours sont précieux et je suis convaincue que vos idées contribueront à l'amélioration constante de cet ouvrage.

Scannez-moi

Votre avis compte. Je lis tous les commentaires.

Un grand Merci !

Du même Auteur

Si vous avez apprécié cet ouvrage, ne manquez pas notre ouvrage "*Passez au Zero Trust Network dès maintenant !*".

Découvrez les secrets de la cybersécurité et transformez votre réseau d'entreprise en une multitude de forteresses impénétrables, en dépassant les modèles de sécurité obsolètes et en adoptant une approche révolutionnaire qui protège vos données sensibles même dans un monde numérique en constante évolution.

Me découvrir

À Bientôt !

Printed in Poland
by Amazon Fulfillment
Poland Sp. z o.o., Wrocław

32752158R00093